TOUS
RÉSISTANTS
DANS L'ÂME

Note de l'éditeur

Cet ouvrage a été achevé au 15 juillet 2021.
Il ne prend donc pas en compte les nouvelles informations parues après cette date.
Nous avons respecté le style oral des entretiens menés par Stéphane Chatry et retranscrits dans le présent ouvrage.

ISBN : 978-2-8132-2595-5

www.editions-tredaniel.com
info@guytredaniel.fr
www.facebook.com/editions.tredaniel
@editions_guy_tredaniel

Dr Louis Fouché
ENTRETIENS AVEC **STÉPHANE CHATRY**

TOUS RÉSISTANTS DANS L'ÂME

ÉCLAIRONS LE MONDE DE DEMAIN !

Guy **Trédaniel** éditeur
19, rue Saint-Séverin
75005 Paris

SOMMAIRE

LETTRE DE CAROLE ET LOUIS FOUCHÉ – MAI 2021 11

QUELQUES INTENTIONS ET VŒUX POUR NOUS TOUS 15

INTRODUCTION 19

Péniche et sobriété 23
Les Glénans et la voile 25
Initiation 28
Contempler l'autre 30
De la dissertation à la souffrance 32
Muscadet et nomadisme 34
Changer le monde, ensemble 37
Le conflit comme une chance 39

1. SANTÉ ET NÉOLIBÉRALISME 41

Industrialisation en santé 43
Destruction créatrice et disruption 46
Santé algorithmique et prolétarisation des soignants 52
Le pouvoir à la HAS ? 54

Ambiguïté du process ... 55
Lien, convivialité et contre-productivité ... 58
Imposture – irréalité ... 61
Créations du savoir ... 63
Corruption systémique et Inquisition ... 66
Fuite en avant et destruction du monde ... 71
Autonomie, permaculture et biomimétisme ? ... 74
Prolétarisation intégrale en santé ... 75
Fabrique du consentement en santé ... 78
Hold-up ? ... 80

2. TRANSHUMANISME ... 83

Peur – insuffisance et hubris ... 85
Le techno-cocon ... 90
Duplication et totalisation numérique du réel ... 92
Miroir aux alouettes numérique ... 95
Rationalité instrumentale ... 98
Superpouvoirs, dans un monde en carton-pâte... 101
Le refus de la mort, et le pacte avec le diable ... 103
Spiritualité ? ... 107
Sécurité et liberté ... 109
Remédiation symbolique, sociale et technique à la souffrance ... 112

3. DÉFERLEMENT TOTALITAIRE ET LIBERTÉS ... 115

Jusqu'ici, tout va bien ! ... 117

Déplier le monstre 119
Époque sans époque 123
S'asseoir dans le désastre 124
Panoptique 130
Totalitarisme numérique 131
Survivre – résoudre 135
L'extraordinaire banalité du mal 137

4. IMMUNITÉ ET AUTONOMIE EN SANTÉ 143
Autarcie et autonomie 146
Soi et non-Soi, un concept obsolète 148
Persistance et transformation 151
Vaccination, biomimétisme, ou grimace pseudo-immunitaire 152
Le Covid : une syndémie 154
Diplomatie sauvage 157
Prospective vivante 160

5. PERMACULTURE HUMAINE 165
Prêter attention 167
Des humains qui prennent le temps 169
Des clés pour la vie en société et le rapport à soi 171
Souffrance et individuation 173
Perversion narcissique 175
Juste tension initiatique 176

Multinationale – perversion entrepreneuriale....... 176
Le rêve horizontal ?... 177
Horizontalité, verticalité, profondeur et limite....... 179
Idéal programmatique
et apprentissage à mourir.................................... 182
La crise et l'opportunité.. 184

6. ARTS MILITANTS.. 187

Être utile à tout prix 189
Antennes subtiles.. 190
Pensée complexe 191
Startupper de la révolte.. 192
Court-circuiter.. 193
Gouverner et prédire, ou ressentir et s'ajuster ?.. 195
Savoir ou connaître.. 196
Comment Wang-Fô fut sauvé................................ 199
Regarder et laisser advenir – le non-agir 203

7. ET DEMAIN ?.. 211

La quête de l'idéal 213
Politique sanitaire... 216
Reinfocovid, comme expérience créatrice 223
La belle verte 226
Guerre et combat... 228

REMERCIEMENTS 242

LETTRE

DE CAROLE ET LOUIS FOUCHÉ – MAI 2021

Tout d'abord chapeau bas à tous ceux qui ont réussi à transformer le coronavirus en « crise sanitaire mondiale », en « pandémie globale ». Merci aux médias alarmistes, merci aux politiques dictatoriaux, merci aux scientifiques corrompus ou dogmatiques. Nous tenons par cette lettre à leur exprimer toute notre gratitude. Gratitude qui vient du mot « grâce ». Oui nous avons été touchés par la grâce, grâce à vous.

Cette crise est une révélation, un dévoilement, une apocalypse. Et après l'apocalypse vient un autre monde. Nous ne reviendrons jamais au monde d'avant, n'en déplaise à ceux qui s'y accrochent encore.

Depuis plusieurs années, nous sentions bien que plusieurs choses « clochaient » dans ce monde. Pris par la vie de tous les jours avec ce sentiment confus d'un « quelque chose » qui n'allait pas, nous errions sans vraiment comprendre, nous raccrochant à ce monde vicié pour éviter la douleur de s'en détacher.

Heureusement, le virus et son narratif burlesque envahissant la surface du globe sont arrivés, nous arrachant nos œillères, nous laissant contempler le désastre. D'abord, nous avons essayé de comprendre. Je peux vous le dire, nous n'avons jamais autant travaillé. Et je vais vous faire mal : nous sommes tous bénévoles !

Nous avons épluché tous les articles de science, tous les décrets, informations, lois, ordonnances. Nous avons lu toutes les informations, celles des médias mainstream comme celles des « complotistes ».

Nous avons appris à maîtriser Internet, les réseaux sociaux, la communication, le graphisme, la communication non violente... Nous avons écrit, filmé, publié, coordonné, dessiné, chanté, dansé, créé des œuvres d'art. Nous nous levons aux aurores et nous couchons lorsque nos yeux se ferment.

Vous vouliez nous appauvrir, vous nous avez tant enrichis : nos connaissances sont plus grandes, nous nous sommes découvert de nouveaux talents. Nous avons repoussé nos limites : plus que jamais nous sommes emplis d'espoir, de courage et d'allégresse. Vous vouliez notre mort mais nous nous sentons plus vivants et rayonnants que jamais.

Vous vouliez nous désespérer, nous n'avons plus besoin d'espoir pour entreprendre. Grâce à vous, nous avons pu cerner ce que nous ne voulions pas.

Nous ne voulons pas vivre masqués. Nous ne voulons pas vivre en nous méfiant les uns des autres. Nous ne voulons pas vivre dans la culpabilité hypothétique de « donner la mort » à nos proches en transmettant un virus.

Nous ne voulons pas vivre vaccinés de force tous les mois pour tous les virus qui sont ou viendront. Nous ne voulons pas de passeport sanitaire, de reconnaissance faciale, nous ne voulons pas vivre fichés.

Nous ne voulons pas être incarcérés dans nos domiciles. Vous vouliez nous séparer. « Attention, distanciation sociale : 1 mètre, puis 1 mètre 50, puis 2 mètres avec les nouveaux variants. » Vous nous avez rassemblés.

Vous vouliez nous faire peur, nous sommes sortis de la caverne. Jouez tout seuls avec vos ombres.

Vous vouliez nous abrutir devant la télévision, nous l'avons éteinte et demain nous jetterons devant nos seuils tous vos biens de consommation à l'obsolescence programmée.

Vous vouliez nous imposer le passeport sanitaire, nous surveiller, nous reconnaître facialement, nous pucer peut-être ? Nous avons faim de liberté.

Vous vouliez nous vendre des médicaments coûteux à l'efficacité et à la sécurité douteuses ? Nous arpentons d'autres chemins de santé.

Vous vouliez nous imposer votre vision du monde, marchande et basée sur la dette éternelle, la dépossession intégrale, jusqu'à celle de nos propres vies ?

Nous posons les premières pierres d'un autre monde enthousiasmant basé sur la gratitude, la joie et la présence à l'autre. Alors un immense merci à vous pour tous ces bienfaits.

QUELQUES INTENTIONS

ET VŒUX POUR NOUS TOUS

Nous sommes dans un déferlement totalitaire de Khmers blancs technosanitaristes néolibéraux. Ils sont en train de « rapter » le contrat social de manière unilatérale et extrêmement inquiétante. Ces ingénieurs, ces financiers, ces marchands et ces politiciens sont l'instrument du déferlement totalitaire. Ils mangent la vie à tous les endroits où elle naît.

Le Vivant doit se réveiller. Et, pour qu'il se réveille, soufflons sur les braises de ceux qui ont un doute, de tous ceux qui pensent que quelque chose ne va pas bien. Et mettons-les en lien.

Que vos familles et ceux que vous aimez soient remplis de sourires et de joie. Que leur pas et le vôtre soient sûrs. Que votre chemin traverse avec légèreté les embûches et les pièges. Qu'il soit un détour pour visiter la beauté de cette aventure d'être en vie et d'être ensemble.

Que nous puissions traverser mille contrées ensemble, serrés les uns contre les autres, à admirer avec humour les chatoiements du réel. J'ai un vrai souhait d'humour. Peut-être ce déferlement totalitaire peut-il se briser comme un éclat de rire ?

Que nous nous soutenions. Que nous trouvions ensemble et chacun les chemins de traverse pour cette longue marche au milieu des bourrasques.

Et qu'il nous soit donné de voir que cette harassante traversée du désert est, en fait, une promenade vers l'oasis.

Que nous puissions nous montrer les uns aux autres les secrets et les cartes, les étoiles et les points de repère pour qu'aucun ne se perde ou ne soit abandonné sur le chemin.

Notre espoir est ridicule. Notre courage est immense.

Nous sommes invincibles. Nous sommes vivants et déterminés.

Nous sommes les héros que nous attendions.

Que la paix nous guide.

Et c'est un vrai souhait : que s'élève une force politique de la paix, de la non-violence !

Telle que l'ont tracée avant nous des Gandhi, des Nelson Mandela, des Martin Luther King, chacun à leur façon imparfaite.

Que de ces liens que nous nouons chaque jour naissent mille possibles pour le tissu du monde.

Avec patience, que ce tissu à mille couleurs soit celui d'un monde où le Vivant est la source et la clé.

Je suis libre et en lien. Et, du fond du cœur, du fond de mes tripes, comme un chant, comme un cri, comme une prière murmurée. Très bonne construction d'un autre monde à nous tous !

Louis Fouché

INTRODUCTION

L'EMPATHIE EST UNE COMPRÉHENSION EMPREINTE DE RESPECT DE CE QUE LES AUTRES VIVENT. AU LIEU DE PROPOSER DE L'EMPATHIE, NOUS AVONS SOUVENT TENDANCE À DONNER DES CONSEILS, À RÉCONFORTER, À DONNER NOTRE AVIS OU À EXPOSER NOTRE SENTIMENT. L'EMPATHIE EXIGE, EN REVANCHE, QUE NOUS FASSIONS LE VIDE DANS NOTRE ESPRIT ET QUE NOUS ÉCOUTIONS L'AUTRE DE TOUT NOTRE ÊTRE.

Marshall Rosenberg, *Les Mots sont des fenêtres (ou bien ce sont des murs)*

STÉPHANE

Cher Louis, nous sommes le 17 mai 2021, il est 15 heures, et nous posons la première pierre de cet ouvrage.

Dans une interview récente, tu disais qu'au début de l'épidémie, quand tu as pris conscience de la propagande sanitaire en marche, tu as crié à l'aide, lancé un SOS, sachant très bien qu'on ne peut pas s'en sortir seul. C'est ainsi qu'a émergé le collectif Reinfocovid, des milliers de connexions humaines ont vu le jour, se sont synchronisées pour aller vers la lumière, vers la vérité et la cohérence.

Ces liens se propagent et s'enracinent de jour en jour, aux quatre coins de la France et du monde. Des acteurs bénévoles, éclairés, bienveillants, pacifiques, faisant preuve de bon sens et de créativité, travaillant pour construire un monde différent.

Comme beaucoup de personnes, en 2020, j'ai été concerné par tes interventions dans les médias. Tes propos me touchaient profondément, tes mots venaient se poser là où je ne parvenais pas à en trouver, le puzzle se composait, l'image apparaissait.

Dans une interview, tu as abordé le sujet de la permaculture. Ce fut un étonnement et un déclencheur pour moi, permaculteur aussi. Ce point couronna le tout, j'eus la preuve que tu avais été à bonne école et que tu avais les pieds bien sur terre.

Je t'ai alors contacté pour te proposer le tournage de trois vidéos pour notre chaîne EthiqueTV.fr : une sur la santé et le néolibéralisme, une deuxième sur la permaculture humaine, puis une dernière sur les arts militants.

Face au succès phénoménal de ces trois vidéos vues par des centaines de milliers de personnes, et face aux milliers de commentaires de soutien, d'encouragement, et de remerciement, je t'ai proposé le tournage de quatre autres vidéos afin d'offrir une vision large de ta pensée.

Ce sont donc ces sept points que nous allons reprendre dans cet ouvrage, pour garder une trace durable de ta pensée dans un objet réel, non censurable et déconnecté d'Internet.

Tu fais preuve d'un incroyable talent d'orateur ; et, afin de préserver la nature de ta pensée, le principe de cet ouvrage est de retranscrire tels quels tes propos.

Une chose dont nous n'avons pas parlé dans les sept vidéos, c'est de ton passé. Peux-tu nous dire sommairement de quelle région tu viens, de quelle classe sociale, tes centres d'intérêt lorsque tu étais adolescent…, tes aspirations à faire médecine, et ton mode de vie en arrivant à Marseille ?

LOUIS

« Ce sont les paroles les moins tapageuses qui suscitent la tempête, et les pensées qui mènent le monde viennent sur des pattes de colombe. » C'est une citation de Nietzsche dans *Le Gai Savoir*. Effectivement, une révolution est en train de se faire, sans bruit. Cette révolution, sous les pas des colombes, arrive par la paix, pas par la confrontation directe. Je suis très influencé depuis longtemps par cette idée de la paix et de l'autre. Et tout est en train de se transformer. Cette crise est là pour nous aider à faire cette révolution et à sortir d'une société mortifère de prédation et de profit.

PÉNICHE ET SOBRIÉTÉ

J'ai grandi sur une péniche près de Paris avec mes parents qui l'avaient reprise à un marinier. Nous avons eu un mode de vie où, tout en faisant partie de la classe moyenne, nous avions une espèce d'idée de sobriété heureuse ancrée dans le quotidien. Mes parents avaient déjà été très sensibilisés à l'écologie pendant les années soixante-dix. On n'avait pas besoin de luxe, de choses grandioses. Mes parents m'ont offert cette phrase, un jour, comme un cadeau : « On a fait très attention à essayer de ne pas être riches, pour vous (sous-entendu : les enfants). » Je ne comprenais pas bien ce que ça voulait dire – parce qu'ils me répondaient ça quand je leur demandais si je pouvais avoir une nouvelle chose, un nouveau jouet. L'idée était que le dénuement volontaire est une vertu, quelque chose qui ramène au réel. Dès que j'ai eu quinze ans, j'ai travaillé. Pour pouvoir partir en vacances, pour gagner des sous. Je pense que mes parents ont eu cette sagesse de ne pas me maintenir dans un cocon trop confortable. Il n'y a pas eu tellement de complaisance. Ça faisait partie, pour eux, du chemin pour devenir adulte, pour grandir, que de se confronter au réel, à la vie professionnelle. J'ai fait plein de petits boulots. J'ai donné des cours de maths, de français, de physique-chimie. J'ai animé des salons de jeux de société. J'ai fait de la comptabilité. J'ai été petite main pour une équipe de recherche sur le cancer du sein. J'ai été vacataire à la Recette générale des finances. J'ai joué de la guitare en chantant des chants de marins, pour animer dans une crêperie bretonne à côté. J'ai été voiturier pour des restaurants chics. J'ai servi du champagne dans des soirées huppées. Mais il y a une anecdote rigolote. J'ai été un Pikachu géant dans un grand centre commercial, à Belle-Épine, à côté de Paris, avec des jeunes qui tapaient sur le costume, en disant: «Oh, Pikachu!» .Et je faisais semblant de faire l'attaque-éclair. Le costume avait de trop grands pieds, et on voyait à travers un petit trou de 5 cm de diamètre. On marchait mal et on ne voyait rien. On suait à grosses gouttes tant il faisait chaud dans le costume. Alors, on avait besoin que quelqu'un nous serve de guide et de garde du corps pour nous défendre quand on portait le costume. Donc, on alternait, celui qui était déguisé devenait ensuite le garde du corps. Besoin de l'autre pour être en sécurité. Besoin de faire confiance.

LES GLÉNANS ET LA VOILE

Puis, j'ai eu la chance de pouvoir faire du bateau dans une association qui s'appelle « Les Glénans ». C'est une association de voile qui avait pour mission, à l'origine, d'essayer de remettre dans la vie des jeunes résistants, qui n'avaient connu que la guerre, que le conflit, qu'un pays complètement saccagé par le totalitarisme et le nazisme et puis la Résistance, et qui ne savaient rien faire, en fait. L'idée des Glénans, au début, était que le bateau et la mer étaient un prétexte à mettre en lien les hommes et les femmes, les gens. Ils ont investi rapidement des îles en face de Concarneau, sur lesquelles les jeunes venaient. Le fonctionnement de ces communautés humaines, dans ces îles, était que chacun se devait de mettre la main à la pâte. Les stagiaires qui venaient faire du bateau ne venaient pas « que » faire du bateau, ils faisaient la popote, ils venaient ranger, faire le ménage, creuser des trous pour installer les toilettes sèches, réparer les bateaux et puis s'organiser, juste vivre ensemble. Moi, j'ai eu la chance de pouvoir participer à ça, et Les Glénans m'ont offert ma formation, en échange de quoi, ensuite, j'ai été bénévole chez eux. J'ai été moniteur de croisière, puis formateur de moniteurs.

Donc, à dix-huit ans, on m'a donné les clés d'un bateau de croisière en me disant : « Tiens, bonne chance, fais de ton mieux, on se revoit dans deux semaines. » Avec sept personnes enfermées à bord. C'est-à-dire qu'on se retrouvait à huit dans quelques mètres cubes. Donc, c'est un laboratoire social, un laboratoire d'expérimentation de la relation, à chaque seconde. Et, au début, comme je savais à peine faire du bateau, j'essayais juste que l'on revienne tous vivants. Puis, petit à petit, j'ai progressé. Rapidement, je me suis rendu compte qu'il ne s'agissait pas seulement d'être bon navigateur, il s'agissait aussi de mettre en lien les gens, de leur permettre de bosser ensemble. J'ai compris que, si tu prenais sept inconnus et qu'il n'y avait pas de coordination, ça ramait pas mal, parce qu'il n'y avait pas de règles du jeu. Et qu'il y avait aussi besoin de bien connaître l'outil dans lequel tu naviguais. Le premier jour, parfois même une partie du deuxième jour, ça consistait à tout regarder. De quelle façon ça fonctionne à l'intérieur. Comment marche la pompe de cale quand tu commences à prendre l'eau. Comment marche la voile, comment tu la montes, comment tu la descends. Comment tu prends un ris, comment tu largues, comment tu changes la voile d'avant. Comment le mât est arrimé au pont du bateau avec des haubans, des galhaubans, un étai, des pataras – plein de noms compliqués, mais indispensables pour comprendre le monde dans lequel on évoluait et mettre des noms sur toutes les choses avec lesquelles on pouvait interagir. Et de le faire ensemble. Qu'on soit d'accord sur les noms et sur les mots qu'on utilise. La corde, ce n'est pas une corde, c'est un bout, une aussière. Celle-là, c'est l'écoute de grand-voile ; celle-là, c'est l'écoute de génois ; ça, c'est un winch ; ça, c'est le compas. Ça renvoie au fait qu'il y a besoin de bien connaître le monde dans lequel on vit, que, si on veut le transformer, si on veut s'en servir comme un outil pour le grand voyage qu'est la vie, il y a besoin de connaître le nom des choses, de les nommer et d'être d'accord ensemble sur comment on les nomme. Une fois qu'on les a nommées ensemble, il faut être au clair sur les rôles de chacun.

Dans un bateau, il y a un capitaine ; c'est un modèle très pyramidal. Au début, les gens n'arrivent pas à se parler, donc le capitaine les aide à communiquer pour faire des manœuvres, pour arriver à rentrer au port, à sortir du port, à changer les voiles, à envoyer le spi, à aller plus vite ou, au contraire, à ralentir, ou à faire face à la tempête et puis à faire une navigation. Très rapidement, quand les gens commencent à bien se connaître, qu'ils se sont bien parlé, ensuite, ils n'ont plus besoin de se parler, ils se regardent et, d'un petit clin d'œil, d'un coin du regard, ils arrivent à fonctionner ensemble et à vivre ensemble, et ça y est, ils forment un équipage. Le cran d'après, c'est qu'ils n'ont même plus besoin du capitaine. Donc, c'est à ça qu'on jouait dans ces croisières et, petit à petit, moi, je m'effaçais. Je n'étais plus le capitaine ; d'autres gens tournaient pour être capitaine, les rôles changeaient. Quand tu es barreur, tu n'es pas navigateur. Quand tu es navigateur, tu n'es pas équipier. Quand tu es équipier, tu n'es pas celui qui fait le travail de carte et de stratégie de navigation. Cette expérience a été initiatique à bien des égards.

À dix-huit ans, aujourd'hui, il y a très peu d'endroits où tu peux exercer ta responsabilité, être un adulte, qu'on te fasse confiance. Je suis extrêmement reconnaissant aux Glénans de m'avoir donné cette chance-là, de pouvoir sortir le meilleur de moi. Finalement, quand tu es enfermé dans un bateau pendant deux semaines avec des gens, et que tu vas vers l'Irlande ou l'Angleterre ou l'Écosse, que tu navigues en Bretagne nord, il t'est donné de sortir le pire ou le meilleur. Et il y a des gens qui sortent le pire ! Ils n'y arrivent pas. Ils n'arrivent pas à faire équipage avec d'autres, ils n'arrivent pas à lâcher leurs habitudes, ils n'arrivent pas à renoncer à leur confort. Et puis d'autres vont sortir le meilleur. La réalité est que nous avons besoin les uns des autres. Et, à partir du moment où tu l'acceptes, tu acceptes aussi que les autres ont besoin de toi. Et, quand l'équipage est composé et aspire au même chemin, alors seulement s'ouvre l'horizon de la contemplation du monde autour, de sa beauté, de son mouvement. Toi dans un Nous plus grand qui est l'équipage, le bateau pour prétexte ; l'équipage dans un monde plus grand et infini qui est la mer, le voyage pour prétexte. Alors seulement tu commences à pouvoir voir avec des yeux justes le fabuleux voyage dans lequel tu as embarqué.

INITIATION

STÉPHANE

Cette expérience de la voile permet de révéler la véritable personnalité des gens...

LOUIS

Oui, [rires] surtout la mienne ! Il m'a été donné cette chance de l'exploration intérieure par le bateau. L'exploration de mes limites. Je pouvais sortir le meilleur ou dire : « Ho, la, la, ma maman me manque », ou « Je n'ai pas mon chocolat chaud », ou je ne sais pas. Eh bien non, en fait, on va préparer le petit déjeuner ensemble, on va faire un gâteau et faire des choses que je n'avais peut-être jamais faites avant. Puis, oui, on va ranger ; si ce n'est pas bien rangé, ce n'est pas agréable. Il y a cette idée que cet espace commun que tu partages, tu ne peux pas y laisser traîner tes choses, c'est insupportable pour les autres, très rapidement ; c'est trop petit. Donc il y a besoin que tu sois attentif à ça, attentif aux autres et à comment ils vont. Celui qui va être dans le quart montant, celui qui se réveille, peut-être que tu vas lui faire un petit café, lui mettre la couverture sur les épaules, lui dire : « C'est à toi de sortir dehors, bon courage », lui donner la relève, et là il peut sortir le meilleur. C'est à la fois une épreuve initiatique, c'est dur – tu passes au feu de la mer, du sel, du vent, de la tempête, des difficultés physiques ; tu passes au feu de la relation aux autres –, mais, à la fin, c'est toi qui décides si tu es un héros ou pas. Ça, c'est le premier point. Ça m'a permis de devenir adulte. Et je suis extrêmement reconnaissant, parce qu'aujourd'hui il y a plein d'enfants auxquels on n'offre pas cette possibilité-là, qui ne savent pas comment exercer leurs talents, leur beauté intérieure, comment contribuer.

STÉPHANE

En fait, tu étais partagé – parce que tu as grandi en Île-de-France – entre l'hyper-ville et l'océan. Tu étais comme à cheval entre ces deux univers ?

LOUIS

Comme j'ai grandi sur une péniche, j'avais cette chance d'avoir toujours un horizon : la rivière. Très petits, on se baignait, on a fait des radeaux de fortune avec mon frère, avec mes sœurs, on a joué avec la rivière. On était des enfants des villes, mais qui avaient la chance d'avoir un environnement extrêmement privilégié. Alors, tu te baignes dans la Marne ; c'est vrai, il y a de la mousse rose [rires], des poissons à trois yeux, mais quand même, c'était de la nature pour nous, du Vivant. Avec l'eau qui court sans cesse, les cygnes, les ragondins, et puis aussi les rats [rires]. Pas un agglomérat mort de bitume, de béton et de plastique.

Le bateau, après, quand j'étais jeune homme, je partais durant toutes les vacances, pour être moniteur bénévole aux Glénans. J'ai fait des études longues. En temps cumulé, j'ai dû passer, dans toute ma vie, trois ou quatre ans sur l'eau à naviguer. Ça fait déjà pas mal.

À un moment, j'ai hésité entre la médecine et le bateau.

CONTEMPLER L'AUTRE

L'autre chose, c'est que ça m'a vraiment forcé à écouter les autres. À me mettre au diapason, parce qu'au début tu arrives en tant qu'enseignant, tu es chef de survie. Puis, quand tu as passé le stade de la survie, tu essaies de transmettre un message. Et tu te rends compte que ça marche chez 70 % des gens. Mais il y a 30 % de gens pour lesquels ça ne marche pas. Que ta façon de le dire, ce n'est pas comme ça qu'ils sont câblés. Ils ne comprennent pas. Tu peux insister, tu peux répéter, mais ça ne marche pas.

Un type va toujours barrer face au vent ou va toujours faire des erreurs sur le travail de cartes. Alors là ensuite, il faut regarder. Il faut se taire et écouter. Chacun est différent. Il y a des gens pour lesquels c'est juste un problème arthrokinétique – ça vient de la façon dont ils sont placés, c'est de la pédagogie sportive. Tu as beau leur expliquer qu'il faut barrer comme ci ou comme ça par rapport au vent – parce que c'est comme ça que, toi, tu le comprends –, ça ne fonctionne pas. Donc en fait, non, tu ne vas plus rien leur dire, tu vas juste les regarder, puis les déplacer un petit peu, faire que le jeu de tension dans leurs bras ne soit plus le même sur la barre, et, d'un seul coup, ils trouvent quel est le bon jeu de tension. Tu vas en voir un autre, le travail de cartes, il n'y arrive pas, c'est à l'intérieur, dans la cabine, il a la nausée, il a le mal de mer. Donc tu as beau lui expliquer, il est complètement dans les choux, il ne comprend rien aux courants, à la marée, comment faire le point... En fait, si tu lui fais juste faire le travail dehors, où il n'a plus le mal de mer, le problème est résolu, et il va d'un coup comprendre beaucoup de choses. Ou alors tu le fais pendant les temps à terre. Ou encore tu lui fais expliquer par quelqu'un d'autre. Tu dis : « O.K., moi, j'ai transmis à quelqu'un, est-ce que je peux faire qu'une cascade d'apprentissages se mette en route ? » Ce n'est plus moi qui montre. Pour moi, ça a été quelque chose d'étonnant. Parce que je me suis dit qu'en deux semaines on est capables de faire des gens très très bons en bateau, en les écoutant et en allant mettre juste ce qu'il faut là où il faut. Et nous, en dix ans d'études en médecine, on a du mal, on rame pour faire un bon médecin. On ne te pose pas forcément les briques dans le bon sens, pour qu'elles s'empilent bien. On te fait tout de suite de la science très compliquée avant même de parler du patient, de ce qu'il vit, de ce qu'il ressent. On te parle de PCR, de biochimie complexe, de génétique en première année, et tu te dis que c'est fait complètement à l'envers. Je pense qu'il y a une énorme réforme à faire en pédagogie ; on est tous d'accord là-dessus à l'école, mais dans les études de médecine, pour moi, ça a été criant. Criant de voir à quel point certains professeurs étaient très impliqués dans cette idée de la pédagogie – et c'était très bien, ce qu'ils faisaient –, alors que d'autres, hélas, n'en avaient rien à faire.

DE LA DISSERTATION À LA SOUFFRANCE

STÉPHANE

Donc, tu as décidé de faire médecine et de t'installer à Marseille, encore une fois, sur un bateau…

LOUIS

Oui, en fait, pas tout à fait. J'ai commencé par faire de la philosophie, de l'Histoire antique, du grec, du latin… Une classe préparatoire littéraire. Je ne me souviens plus de rien, hélas, mais c'était un moment fabuleux. La seule chose dont je me souviens vraiment bien, c'est le temps passé à lire, puis à essayer d'en faire quelque chose d'intelligible. Finalement, à force de faire des dissertations, on devient bon à poser un problème et à aller vers sa résolution dans un cheminement logique. J'ai gardé pour toujours, je pense, le goût des pensées bien construites. Mais voilà, d'accord pour discuter, écrire, bouquiner autour de la condition humaine, mais j'avais l'impression que devenir prof n'était pas mon destin. Que j'avais besoin d'aller voir, dans la réalité, la souffrance des humains pour essayer d'y faire quelque chose de manière palpable, tangible. Pas juste dans des bouquins, pas juste pour en faire des dissertations.

Alors je suis allé vers la médecine. Quel choc ! Que du par cœur. Un travail de laborieux. Sans intelligence. Du gavage d'oies. Et quelle souffrance ! Comme c'est dur, toutes ces études. De la docilité, de la soumission. Voilà la principale qualité qu'on te demande. Je me prends une claque en pleine figure, la première année. Leçon d'humilité : je suis recalé, à quelques places près. Alors je prends le mors aux dents. Et mon redoublement me conduira à être major de promo. Je ne vais même pas le réaliser. La première année aura été un marathon, un concours de volonté tendue. J'aurai du mal à m'en remettre. Pendant des semaines, je vais me réveiller a 5 heures du matin, avec les leçons d'embryologie qui sortent toutes seules, qui courent et s'échappent de ma tête. Et je n'arrive pas à les arrêter. Quel traumatisme au cerveau, cette première année !
Mais, en dehors de ces études mal faites, de cette sélection à la docilité, je rencontre les patients, et là je reçois la vraie bonne claque du réel. Comme Siddharta quand il sort avec son cocher de son palais. Quelle souffrance pour l'humain !

Je t'en passe. Mais le bateau reste là. Comme une vie à part, beaucoup plus réelle et en lien en pointillé avec les études.

Et ça faisait partie du rêve. Aller voir la mer, vivre à son rythme continuellement mouvant, continuellement vivant. Pour les gens qui ne sont jamais venus, je crois qu'il faut vraiment voir Marseille. C'est comme un dragon doré endormi dans l'eau bleue de la Méditerranée, avec un cirque montagneux tout autour. Pour les jeunes qui liront peut-être ce livre, s'ils ont déjà joué à des jeux vidéo comme *Civilization*, il y a un settler, quelqu'un qui va sur une carte et qui dit : « Cet endroit est bien ; là, il faut créer une ville ! » Eh bien Marseille, à l'évidence, c'était un endroit qui était bon pour créer une ville. Parce qu'il y avait des sources, parce que c'était protégé. Il y a la mer juste devant. C'est beau à pleurer, vraiment ! C'est un condensé de beauté, cette ville ! Et tous les petits humains qui y vivent, bigarrés, multiples et joyeux. Comme dans la chanson de Massilia Sound System, *Qu'elle est bleue*. Avec Notre-Dame-de-la-Garde qui veille, qui est là, au sommet de sa montagne. Et, que l'on soit croyant ou non, la Bonne Mère est là pour tout le monde – une espèce de conscience qui veille sur la ville.

MUSCADET ET NOMADISME

STÉPHANE

Une fois que tu t'installes à Marseille, tu as un voilier qui n'est même pas amarré au port, tu es un peu au large, et tu mets en place une petite technique pour pouvoir rejoindre la terre…

LOUIS

Je suis interne, alors j'ai enfin un petit peu de pouvoir d'achat, je ne suis plus obligé de faire des petits boulots. Je n'ai plus besoin de faire ça, j'ai mon salaire d'interne ! Aucune préoccupation, pas de crédit, pas d'enfants ; et donc, avec toutes mes économies, j'achète, pour 7 500 €, un Muscadet. C'est un voilier des années soixante-dix, en bois, à bouchain vif, qui fait 6,40 m. On peut dormir à quatre dedans. Il n'y a pas de toilettes. Tu fais tes besoins dans un seau, et il y a un petit réchaud. On tient à quatre pattes à l'intérieur. C'est extrêmement charmant. C'est surtout un bateau qui est très robuste. Il est râblé, costaud, il tient bien les vents très forts. Ça a été parmi les premiers bateaux qui ont fait la Mini Transat, qui ont traversé l'Atlantique. Alors que 6,40 m, c'est vraiment une coquille de noix. J'aimais beaucoup le fait que ce soit en bois, en contreplaqué de marine. C'est du bois, mais c'est déjà aussi de la technologie. C'est fruste, c'est sobre. Ça ne coûte pas cher. C'est la démocratisation de la plaisance dans les années soixante-dix. Et c'est un plan très simple, un plan Harlé. Je ne voulais pas d'autre bateau que celui-là.

Donc je cherche partout en Méditerranée un Muscadet, et j'en trouve un ! Mais sans place de port. Parce que, pour la place de port à Marseille, financièrement et en termes de relations, tu as intérêt à être « en place » comme on dit. Moi, je n'étais pas suffisamment en place, alors je n'avais pas de place de port, et donc je deviens itinérant. Un nomade. Mais j'aime bien cette idée de nomadisme. J'ai toujours eu une espèce d'admiration pour les peuples nomades et leurs modalités de fonctionnement social, leur lien au terroir, leur capacité d'adaptation au vivant et au monde dans lequel ils vivent ; donc ça m'allait bien. Par contre, c'est difficile d'être nomade dans un monde de sédentaires.

En plus, à Marseille, il y a deux vents : le mistral – avec des tempêtes de ciel bleu très fortes, avec dans la rade énormément de vagues, et ça brasse de tous les côtés – et un autre vent de sud-est – où là, il fait gris et humide, qui ramène un peu de pluie. Mais, comme les humains sont malins, eh bien c'est dans les endroits qui sont protégés de ces vents-là qu'ils ont fait des ports. En dehors des ports, aucun autre endroit n'est protégé de tous les vents, à Marseille. Ça veut dire que, quand le vent tournait, moi, je devais déplacer mon bateau et le mettre à l'ancre à un autre endroit. Je passais des journées de travail, un peu fébrile, sur Internet, à regarder la météo, en regardant le ciel, en me demandant si mon bateau allait être emporté par la tempête. Donc, souvent, je déplaçais le bateau – environ tous les deux ou trois jours. Je passais trois ou quatre heures de navigation à l'emmener depuis les calanques jusqu'à Malmousque, puis de Malmousque aux Pierres Tombées… Au début, pour aller au travail, je gonflais mon annexe avec ma petite pompe et je ramais jusqu'à la côte. Rapidement, j'en ai eu marre de gonfler, dégonfler et porter l'annexe, donc je mettais mes affaires dans un bidon étanche, je plongeais dans l'eau, tout nu, je me séchais ensuite. Je remettais mes affaires et je repartais prendre le bus, un vélo ou la voiture qui m'attendait. Ça a été une expérience un peu aventurière pendant sept mois, qui a un peu tué ma vie sociale, parce qu'il n'y a pas beaucoup de monde pour te suivre. En plus, comme le bateau était en itinérance à l'infini, je n'utilisais jamais l'électricité, j'avais ma lampe à huile dans la mâture, quand je naviguais de nuit.

CHANGER LE MONDE, ENSEMBLE

C'était un peu houleux à vivre, mais vraiment l'intention était de questionner : peut-on être marginal dans le monde tel qu'il est ? Est-ce qu'on peut vivre autrement, tout en restant dans le système ? Et, en fait, la leçon que je me suis prise, c'est que tu ne peux pas être marginal tout en restant dans le monde tel qu'il est, si tu es seul. En fait, il faut être nombreux. Si on avait été tout un troupeau de bateaux à se déplacer comme ça, avec des bergers de bateaux, j'aurais pu aller bosser, puis revenir ; un autre aurait gardé et déplacé les bateaux. Et, le jour où j'étais de repos, un autre pouvait aller bosser. On aurait pu vivre comme ça, à la fois en marge et dans

quelque chose de très fascinant. Le matin, je me levais, j'avais ce grand soleil sur la rade, je marchais à travers les calanques pour aller travailler. Ça maintient une hormèse, une sorte d'ascétisme, parce que tu marches beaucoup, tu fais beaucoup de bateau et, à la fin, tu es en superforme ! Tu ne peux pas te laisser aller. Ça m'a fait vraiment prendre conscience, de manière très profonde et viscérale, que si je voulais vivre autre chose que la vie bourgeoise nantie de médecin, dans ma case sociologique bien prédéfinie, il fallait que j'invente un autre mode de vie, à plusieurs.

Cette expérience m'a conduit vers les Colibris et vers tout ce travail sur les éco-lieux, les oasis, la permaculture ; vers le fait de parvenir à trouver la juste place de chaque chose et de chacun : qu'est-ce qu'il apporte, qu'est-ce qu'il utilise dans un système vivant ? Pour moi, c'était l'aventure de la jeunesse et de l'insouciance. J'étais bercé aussi du discours de mes parents et de mes grands-parents qui ont grandi après-guerre dans une France des Trente Glorieuses où tout était possible, dans une espèce d'euphorie, de joie de vivre. J'avais envie de retrouver ça. Depuis que je suis né, on me dit que c'est la crise et qu'il faut faire ce qu'on me dit. Être conforme, passer son bac d'abord, passer son concours de P1 d'abord, passer son concours d'internat ensuite. Et plus tu es docile, plus tu accèdes socialement. En fait, ça ne m'allait pas, ça. Je ne voulais pas être docile parce que la façon dont on vivait ne me semblait finalement pas si favorable à la joie, à la vie et à la beauté.

LE CONFLIT COMME UNE CHANCE

Tout ce qui est cette relation à l'autre, cette vie en communauté – sur un bateau ou, après, à l'internat, ou à tous les endroits où j'ai vécu –, dans une famille nombreuse aussi, où il y a pas mal de compromis à faire – ton jouet est aussi un peu le jouet de ton frère –, tout ça, c'est tout un travail sur la non-violence. Je n'ai jamais été suffisamment grand et suffisamment fort pour mettre sur la gueule de l'autre pour lui prendre son jouet. J'ai aussi été confronté à ça, je peux le dire, dans l'enfance. Aujourd'hui, on parle beaucoup de harcèlement scolaire à l'école ; moi, j'étais petit, à lunettes, et en avance. Un peu l'intello. Là, tu peux vite devenir le souffre-douleur, le martyr de quelques autres. Mais, contre toute attente, je n'ai jamais laissé faire. C'est-à-dire que, le premier jour, en général, j'allais me battre avec le plus grand, le plus fort. On se battait un bon coup, et j'y allais franco, pour montrer qu'en fait je ne me laisserais jamais faire. Et ça a toujours marché. Ce truc-là a permis que je ne sois jamais le souffre-douleur dans une classe. Alors que j'avais le profil du binoclard. Il y en avait d'autres qui étaient petits et binoclards qui ont été souffre-douleur, mais ça n'a jamais été moi. J'ai toujours été respecté.

Ça m'a fait comprendre la notion de rapport de force. Et l'idée qu'il faut tenir et ne pas échapper au défi. Ne pas se laisser faire. Ça vient de très loin, ça a commencé en maternelle. En CP même, très fort. La bande à Bastien, je m'en souviens comme si c'était hier [rires]. Dérouler ces souvenirs, c'est marrant, parce que le destin est taquin. Il y avait la bande à Bastien et, dans la bande à Bastien, il y avait un chef, c'était Bastien. Nous, on avait fait une contre-bande, une autre bande où il n'y avait pas de chef [rires]. Je me souviens aussi que beaucoup de confrontations à l'école étaient individuelles. Je n'acceptais pas bien l'idée qu'il y ait une bande qui vienne me défendre. Il y en a un, notamment, qui m'avait raclé la tête contre un mur en crépis et à qui j'avais ensuite cassé les dents de devant, au grand dam de sa maman. Eh bien, il est devenu mon ami. De là me vient peut-être cette idée que le conflit peut t'amener à l'amitié. Ce n'est pas un problème. Si tu traverses le conflit, c'est une richesse. C'est là depuis toujours. Le conflit, pour moi, c'est une chance. Plus tard, je me suis intéressé à la communication non violente et aux Cercles Restauratifs, qui sont des techniques qui permettent justement de traverser le conflit et d'ouvrir des fenêtres plutôt que de les fermer. Alors voilà. Tu en sais un peu plus. Merci pour cette plongée dans le passé. Gratter le passé avec toi me fait voir que la vie a un projet cohérent pour toi si tu sais l'écouter. Mais, bien sûr, quand t'es pris dedans, tu n'y comprends rien.

CHAPITRE 1

SANTÉ ET NÉOLIBÉRALISME

L'IDÉE DE PRODUCTION EST UNE CONCEPTION DE L'ACTION HUMAINE TRÈS ORIGINALE ET ÉTRANGE, BIEN QU'ON L'AIT NATURALISÉE DANS NOTRE TRADITION, QUI SE CARACTÉRISE COMME UN SUPERPOUVOIR BIEN SPÉCIFIQUE : CELUI DE FAIRE ADVENIR DE L'ANATURE À PARTIR DE LA NATURE.

Baptiste Morizot, *Raviver les braises du vivant*

STÉPHANE

Dans la continuité de l'interview de l'historien Paul Ardenne que EthiqueTV.fr a réalisée, où il nous présentait la culture du néo-libéralisme (sa genèse, sa philosophie et ses principaux acteurs), peux-tu nous confier ta vision de ce courant en rapport à la santé ?

LOUIS

Oui, je peux essayer de poser quelques cadres conceptuels tels que je les perçois. Un cadre conceptuel n'est jamais le réel. Ce n'est qu'une ébauche de ce qui est perçu du réel. C'est encore moins une vérité, mais au moins ça m'aide à comprendre le monde tel que j'ai l'impression qu'il est, et surtout à trouver des pistes pour le transformer, pour en faire autre chose. Parce que, pour secouer un joug, pour transformer un système, le comprendre est nécessaire. Alors commençons par essayer de comprendre.

INDUSTRIALISATION EN SANTÉ

J'ai envie de faire partager une expérience un peu traumatisante, en tant que médecin attaché à la médecine comme un art. Et attaché au patient comme à une personne, un individu, essentiellement unique, qui souffre et qu'on voudrait aider. Je me souviens, j'ai suivi une conférence de sociologie au Collège de France, il y a une dizaine d'années maintenant, le 24 janvier 2014, je crois.

C'était la chaire d'un certain Pierre-Michel Menger sur la sociologie du travail. Il avait invité Claude Le Pen, professeur prestigieux et reconnu à Paris-Dauphine, économiste de la santé, pour parler de l'évaluation en santé. L'évaluation, qu'est-ce que c'est ? Vous savez, ce sont toutes ces réflexions et pratiques managériales qui consistent à poser des processus pour chaque action, en espérant les optimiser à l'infini dans une grande roue d'auto-amélioration de la qualité. Comme la norme ISO dans l'entreprise, par exemple. Ce professeur, donc, venait parler au nom des économistes de la santé et de la Haute Autorité de santé. Il a commencé son topo comme ça : « Nous sommes là (sous-entendu, nous, économistes de la santé et Haute Autorité de santé) pour liquider le modèle artisanal de la médecine. » Tu as bien entendu : « liquider ». Comme un tueur à gages. Sous-entendu : nous sommes là pour mettre en place un système évalué, rationalisé et optimisé de production et de consommation de biens et services de soin. Mettre en place un marché, en somme, comme n'importe quel autre marché. Et se débarrasser des scories de l'erreur individuelle, de l'à-peu-près de l'artisanat médical. Lisser la variabilité. Faire que les malades, enfin, se ressemblent tous et puissent être comptés, rangés, optimisés. Et, heureusement, grâce aux nombres, grâce à la science triomphante, s'affranchir enfin de l'erreur. En fait, on va même s'affranchir de l'humain. Et tout sera enfin parfait... Voilà par quoi je peux commencer pour faire comprendre le néolibéralisme.

Le néolibéralisme est, pour moi, le dernier avatar d'un capitalisme en stricte prédation sur le monde, c'est-à-dire qui méprise toute considération pour le vivant. Ce mépris tendrait à faire de tout élément vivant et dynamique du réel un obstacle à la rentabilité et au profit. Il faudrait donc chosifier cet élément et l'asservir au système économique. C'est ce que l'École critique de Francfort, avec Adorno, avait appelé la « rationalité instrumentale[1] » – une sorte d'antihumanisme radical. Non seulement un antihumanisme, mais une « anti-vie » radicale. C'est une rationalité où tout devient moyen, instrument – y compris

1. L'École de Francfort est un groupe d'intellectuels allemands réunis autour de l'Institut de recherche sociale, instituée à Francfort en 1923. Elle fonde la philosophie sociale et la théorie critique. La philosophie doit y être utilisée comme critique sociale du capitalisme, et non comme justification et légitimation de l'ordre existant.

les humains. Tout devient chose à plier à sa volonté, à mettre au service du profit. Tout est transformé en « variable » intégrée dans un système algorithmique de maximisation du profit. Pour que le plan soit sans accroc, il faut que la société, et tout ce qui la constitue, devienne progressivement automatique.

DESTRUCTION CRÉATRICE ET DISRUPTION

Le néolibéralisme installe progressivement une aliénation mortifère intégrale du vivant. Une réification. Une chosification. Il propose à l'individu une désappropriation complète, y compris de sa propre vie. Tout, et y compris l'existence, devient des process dont il faut optimiser l'efficience et la rentabilité. L'existence serait alors une « expérience utilisateur optimisée de la vie ». Mais ce courant de pensée contient un implicite méphistophélique : « Tu ne souffriras plus ; pour cela, asservis-toi ! »

Le libéralisme cherchait la liberté, n'est-ce pas ? Le néolibéralisme ne la cherche pas. Il l'abolit. C'est un système totalitaire. Chaque espace, chaque instant et chaque champ de la vie humaine doivent devenir des lieux dominés par les notions de *contrôle* et de *prédiction*. Le néolibéralisme entend faire advenir une industrialisation intégrale, évaluée, rationalisée de la vie. Tout champ de l'existence y devient un marché de production et de consommation. La finance, l'école, la création monétaire, l'art, le tourisme, la sécurité, le sport, les loisirs, la culture, les communications et... la santé... Partout, le néolibéralisme veut faire craquer les anciennes régulations et installer des opérateurs monopolistiques. Ce sont des monstres multinationaux hideux, sans visages et sans émotions, qui contrôlent et imposent, dans un hubris démesuré, la « bonne marche » du monde, ou plutôt sa marche optimisée et contrôlée.

Le capitalisme se base sur l'idée que la rotation accélérée de capital – dit autrement : la destruction du monde puis sa reconstruction – génère du profit. Le paramètre d'optimisation central du système capitaliste, c'est bien cela : la maximisation du profit. En toute cohérence, il faudra tout mettre en œuvre pour accélérer la destruction et la reconstruction automatisée et optimisée du monde. On appelle cela la « destruction créatrice ». C'est le principe de Schumpeter. Il est enseigné, *ad nauseam*, aux étudiants en écoles de commerce, en écoles d'ingénieurs, en écoles d'administration. Et, si on le file, comme on file une métaphore, on l'amène un cran plus loin encore : à la « disruption[2] ». Ce concept a été théorisé par Clayton Christensen, professeur à la Harvard Business School[3]. Si quelqu'un propose un outil technique – qui peut être une innovation technique, une innovation managériale ou administrative – qui va plus vite que la capacité du groupe à le métaboliser, alors ce quelqu'un prend le contrôle sur le système.

---

2. Je vous renvoie à mon mémoire universitaire d'éthique en santé sur le sujet qui explicite plus avant le concept : https://colibris.link/disruption.

3. Clayton CHRISTENSEN, *The Innovator's Dilemma*, Harvard Business Review Press, 2016.

STÉPHANE

Qu'est-ce que ça veut dire ?

LOUIS

Je donne un exemple : si je fonde une entreprise d'aviation civile où je sous-paie les pilotes, où je ne leur demande pas grand-chose quant à leurs brevets, où je réduis à la portion congrue les services et les conditions de sécurité, alors, je crée l'aviation low cost. Et ce faisant, je vais « effondrer » le marché de l'aviation civile tel qu'il était structuré jusqu'ici. Parce que je vais prendre tout le marché de vitesse. Simplement parce que le marché inexploité et inattendu des pauvres va s'ouvrir. C'est ainsi que Ryanair est devenu un opérateur majeur de l'aviation civile. C'est une disruption.

Un autre exemple, pour que tu comprennes mieux : je suis Netflix. Je n'ai aucune salle de cinéma, mais j'ai trouvé un nouveau canal de diffusion. Il consiste à coller les gens devant leur ordinateur ou leur téléphone toute la journée. Je me sers de cette nouvelle plateforme pour diffuser des productions culturelles optimisées pour « l'attente-utilisateur ». Ces productions sont faites de manière industrielle, au plus bas coût. Je n'ai plus besoin de posséder de salles de cinéma. Je coule le marché du cinéma – production et distribution en même temps. Netflix, aujourd'hui, est le premier opérateur de cinéma au monde, sans posséder une seule salle, sans avoir aucun studio de production ! Tu comprends ?

D'autres exemples encore ? Uber est le premier opérateur de taxis au monde sans posséder un seul taxi ! Comment réalisent-ils cet exploit ?

La photographie numérique aussi a coulé le marché de la photographie argentique, par une innovation technique, alors que personne n'y croyait. Ils sont arrivés par surprise. Ils ont complètement « disrupté » le système.

Aujourd'hui, certains hommes politiques se vantent d'avoir disrupté le système politique, c'est-à-dire d'avoir « effondré » les régulations explicites telles qu'elles étaient présentes jusqu'alors. La dernière élection présidentielle a ainsi été qualifiée d'« élection disruptive ». On nous a fourgué une marionnette bien maquillée par une propagande proprement sidérante, conduite par des vendeurs de mirage politique. Eh oui ! Puisqu'il n'a pas été question de politique ! Il n'a été question que d'un accord économique entre des investisseurs et des consommateurs d'une attente politique. Les premiers ont été capables de propulser médiatiquement une personnalité sur le devant de la scène. Les seconds ont accepté l'imposture, parce que l'emballage était séduisant. Il n'a pas été question de politique. Pas de proposition pour faire un *Nous*. Pas de programme.

Finalement, le néolibéralisme utilise un changement de pas de temps, une accélération et un « à côté de la question » telle qu'elle était formulée, pour prendre le contrôle intégral des systèmes économiques, politiques, culturels. C'est un totalitarisme intégral. Il utilise la sidération induite par l'imposition de force d'un nouveau système technique que les groupes culturels, sociaux, familiaux et politiques n'ont pas le temps d'apprivoiser et de maîtriser. Ils en restent donc les dupes, les « super-users ». Et ce sont les tenants du système technique disruptif qui prennent le contrôle intégral du monde. Cela s'apparente à une agression.

Donc voilà : les opérateurs techniques – c'est-à-dire ceux qui possèdent la technique –, en l'occurrence les multinationales, prennent le contrôle sur les marchés. Et l'accélération permanente de l'asservissement induit par les systèmes techniques disruptifs fait qu'il n'y a plus de régulation possible par le culturel, par le politique ou par le judiciaire, encore moins par le spirituel.

Dit autrement : aujourd'hui, si tu veux taxer les Gafam[4], tu ne peux pas ! Personne ne peut taxer les Gafam, parce qu'ils sont

---

4. Gafam : Google, Amazon, Facebook, Apple, Microsoft – acronyme pour désigner les multinationales de la data.

des opérateurs monopolistiques qui sont allés plus vite que toutes les régulations par les lois, les décrets, ou par le groupe social.

Toute l'ère industrielle a ainsi consisté à optimiser toujours plus le profit, en mettant en place des chaînes de montage ou de production et de consommation rationalisées essayant, à tous les endroits, de diminuer la variabilité, de diminuer la biodiversité. Quand on conçoit une chaîne de montage pour faire une voiture, tout le monde fait la même chaîne de montage, la plus optimisée. Plus personne ne va fabriquer une voiture autrement : avec soixante-dix artisans qui vont faire qui la portière, qui le levier de vitesse ou la pédale de frein. Non, c'est devenu une chaîne de montage avec des robots. Ça aussi, symboliquement, c'est très fort. C'est-à-dire que ce système détruit la vie. Il empêche la vie d'exister. Il met, à la place, des systèmes techniques encore et encore, et encore. Il se nourrit de systèmes techniques. La première chaîne industrielle n'était d'ailleurs pas consacrée au montage. Mais bien au « dépeçage ». À Chicago, les abattoirs des établissements Armour & Co. se vantaient de tout exploiter dans le porc, sauf le cri !

Donc, finalement, le système industriel lui-même, dès le XIXe siècle – mais ensuite dans sa poursuite au XXe siècle, puis dans son outrage au XXIe siècle – est un système qui asservit et détruit la liberté, l'humain, la biodiversité, la vie et la beauté. Au nom du profit, au nom du confort, au nom de la standardisation, au nom du contrôle. Au nom de la peur, en somme.

Je pourrais synthétiser comme ça : le néolibéralisme est un système d'asservissement intégral du vivant pour maximiser le profit financier. Son moteur principal est la peur.

Ce que je te décris, là, appliqué dans le champ de la santé, peut être compris à deux endroits : dans le champ de la création du savoir d'abord, et dans le champ de la pratique du soin ensuite.

La pratique du soin, c'est le fait de soigner tous les jours. C'est ce qu'on fait à l'hôpital, ce qu'on fait dans un service de médecine, ce qu'on fait chez un généraliste, ou ce que fait une infirmière.

SANTÉ ALGORITHMIQUE ET PROLÉTARISATION DES SOIGNANTS

Petit à petit, on a mis en place un système de soins fait de suites d'algorithmes. C'est-à-dire que, si jamais tu as tel niveau de fièvre, tel résultat à la numération sur la formule sanguine, ou tel test PCR positif, alors il y a un « process » qui correspond... C'est comme des programmes informatiques : *If... then... go to...* Aujourd'hui, la médecine procède comme ça. Dans les bouquins que les étudiants ont dans les poches, dans les résumés pour le concours de l'internat, tout notre apprentissage est fait comme ça : sous forme d'algorithmes.

Et il se produit que plus personne ne sait penser en dehors de l'algorithme, mettre en lien différemment les datas, prévoir des boucles de compréhension plus amples qui prennent en considération des aspects imprévus et complexes. Pas d'intuition. L'éthique, les réactions émotionnelles deviennent, elles aussi, des variables et sont intégrées dans l'algorithme.

Mais qui décide comment est construit cet algorithme ? Pas l'interne en médecine, pas le médecin, pas le patient non plus. Ils se bornent à l'appliquer. Il y a donc bien une *prolétarisation*, terme cher à Bernard Stiegler[5] et à l'association Ars Industrialis, C'est-à-dire une perte, pour les agents du soin, de leurs savoirs, de leurs savoir-faire, de leurs savoir-être et de leurs savoir-théoriser. Ils sont réduits à des exécutants. Des pilotes d'une chaîne de montage. Comme Chaplin dans *Les Temps modernes*, qui court après les boulons, avec sa grosse clé à molette. Il va toujours être pris de vitesse. Les soignants sont ainsi toujours en retard, toujours sommés de se mettre en conformité.

LE POUVOIR À LA HAS ?

Mais alors qui décide de l'algorithme ? Ce serait la Haute Autorité de santé (HAS) ? Non, la HAS ne pense pas. Elle ne crée pas. C'est dans son nom. Elle est « haute » et « autoritaire ». Elle met en protocoles. Elle programme. Elle est là pour dicter comment les exécutants doivent faire les choses. À tel point qu'aujourd'hui la pratique d'un généraliste est intégralement encadrée. Il n'a quasiment aucun degré de liberté. Il a des références médicales, opposables de tous les côtés. Il ne peut pas utiliser tel ou tel médicament en dehors des clous. Ou alors il prend des risques. Il encourt une sanction. C'est à la fois très sécurisant (on en revient à la peur), mais par contre cela interdit la créativité, la bifurcation. « Tu ne feras pas autrement

---

5. Bernard Stiegler, *Dans la disruption : comment ne pas devenir fou ?*, Les Liens qui libèrent, 2016.

que ce qu'a mandé la Haute Autorité de santé. » Dans les hôpitaux, il y a des procédures qualité pour définir comment doivent être les toilettes, comment doit être préparé le repas, comment doit être organisé le transport du linge ou la désinfection du matériel chirurgical, etc. La prétention est de ne plus rien laisser au hasard.

AMBIGUÏTÉ DU PROCESS

Tu vas me dire que, d'un côté, c'est utile. « C'est quand même bien d'avoir ces *standard operating procedures* », comme les appellent les Américains. Ce sont les « procédures opérationnelles standardisées ». Il n'y a pas quelqu'un qui peut faire n'importe quoi. Ça sécurise.

Mais c'est un élément problématique central, en anthropologie de la technique. Il est très difficile d'y mettre des catégories morales. Ce n'est pas « bien ou mal », c'est « à la fois bien et mal ». C'est ce qui est un peu compliqué à comprendre. Il va falloir faire le compte réellement du bien et du mal pour pouvoir, à la fin, trancher sur ce qu'il convient de faire ou de ne pas faire, pragmatiquement. Ce compte – cette pesée des méfaits et des bienfaits – est nécessaire pour tous les outils, pour toutes les techniques. Jacques Ellul écrit qu'un système technique n'est pas neutre, contrairement à l'idée souvent répandue et qui voudrait que seul compte la façon dont on l'utilise. Je pense à deux livres de cet auteur : *Le Bluff technologique*[6] et *La Technique,*

6. Jacques ELLUL, *Le Bluff technologique*, Fayard, 2012.

ou l'enjeu du siècle[7]. Ce sont des livres importants à lire, car ils parlent du vrai monde, dans lequel nous vivons chaque jour, et que nous sommes devenus incapables de comprendre.

Souvent, on dit que la technique est neutre. Avec un couteau, tu peux tuer quelqu'un ou peler une pomme – les deux sont possibles. Seul compterait ce que tu décides d'en faire. Ellul nous dit que non, ce n'est pas neutre, que ça ne se vaut pas et qu'il va falloir identifier réellement le bien et le mal contenus à l'intérieur du système technique – dans l'intention qui a présidé à sa conception, comme dans ses usages. Dans un téléphone portable, tu vas me dire qu'il y a des superpouvoirs : tu peux voir où il y a un taxi tout de suite, ou tu peux – avant le drame Covid [rires] – savoir où il y a un restaurant ouvert. Tu vas pouvoir commander un truc sur Amazon, avoir la réponse à une question grâce à Wikipédia, raconter ton week-end avec photos et vidéos à l'appui, ou regarder un tutoriel sur telle ou telle problématique...

O.K., ça, c'est le côté sympa. Le côté moins sympa, c'est qu'il y a des enfants dans des villes usines en Chine. C'est qu'il y a des gens qui meurent ensevelis en République démocratique du Congo dans des mines pour le tantale ou pour les supraconducteurs. Que des mafias de bandes rivales s'entre-tuent pour ces mêmes terres rares. Il y a des guerres qui sont fomentées en Amérique du Sud pour avoir accès au lithium nécessaire aux batteries. Il y a des bateaux qui parcourent le monde, à grand renfort de pétrole, pour aller livrer les différentes pièces. Chaque petite pièce fait quinze fois le tour du monde avant d'arriver enfin chez toi. Donc, pour quelques superpouvoirs

---

7. Jacques Ellul, *La Technique, ou l'enjeu du siècle*, Economica, 2008.

peut-être un peu futiles, le téléphone contient une destruction sociale, sociétale, économique, environnementale – bref, intégrale – du monde dans lequel on vit. À la fin, si tu dois faire le compte : est-ce que mes superpouvoirs en valent la chandelle ?

Arrive la question de la diachronie, de la pérennité. Est-ce qu'il vaut mieux danser sur le *Titanic* ou essayer de s'en échapper ? Là, il faut un pivot moral, il faut être capable d'établir collectivement ce que sont le bien et le mal, l'éthique. Le principe de responsabilité. Hans Jonas a été le premier philosophe réellement popularisé sur cette thématique de la responsabilité vis-à-vis des générations futures[8]. Quelle conduite est-il souhaitable d'adopter en intégrant la responsabilité dans le temps vis-à-vis des générations futures ? L'éthique suggérerait qu'il faudrait abandonner les téléphones portables à l'origine de plus d'asservissement que de liberté, de plus de souffrance que de bonheur.

Je reprends mon propos de synthèse. Le néolibéralisme est une idéologie qui promeut un système culturel d'asservissement intégral du vivant pour du profit. Son moteur principal est la peur. Il met en scène une promesse illusoire d'éternité inamovible de confort et de toute-puissance pour les plus riches, et l'externalisation de la souffrance chez les plus pauvres.

En santé, c'est pareil. Un système de santé standardisé rationalisé a de bons côtés. Un hôpital qui coche toutes les cases

8. Hans JONAS, *Le Principe responsabilité : une éthique pour la civilisation technologique*, Flammarion, 2013.

de la standardisation, ce n'est pas si mal en termes de soins techniques allopathiques. Les mauvais côtés, c'est que l'on détruit petit à petit le travail des soignants et la considération pour l'humanité du patient. Comme je te l'ai dit, le médecin, l'infirmier et l'aide-soignant deviennent des automates, des robots au service d'un système technique qui les a asservis.

C'est la technocratie, encore une fois, qui a décidé de la chaîne de montage. Des gens extérieurs, dans des bureaux administratifs, avec une rationalité comptable et administrative. C'est à l'origine d'une énorme souffrance des soignants. Et le bout évolutif de tout ça, c'est de remplacer les soignants par des machines, par des algorithmes, par des programmes informatiques. On détruit le travail. Pour créer quoi ? Des humains qui seraient soignés par des machines ? Une société de la consommation à outrance, du loisir éternel ? Est-ce vraiment satisfaisant ? Pas sûr.

LIEN, CONVIVIALITÉ ET CONTRE-PRODUCTIVITÉ

Il y a quelque chose qui doit être posé comme un élément très profond de notre dignité de soignants, comme un garant de notre pérennité. C'est l'humain, d'abord et avant tout système technique, qui soigne. Qu'est-ce que je veux dire ? C'est la relation qui soigne. C'est le lien. C'est l'avènement de l'autre dans ma vie et dont je deviens, par conséquent, responsable. Cette vision-là du soin, c'est celle de l'éthique du *care*. C'est une des façons de comprendre les problématiques éthiques en matière de santé. Elle est très influencée par la pensée d'Emmanuel Levinas[9]. Ce dernier parle de « la rencontre des visages ». À partir du moment où j'ai rencontré le visage de l'autre, un lien est créé. Et je deviens responsable de l'autre parce qu'il est mon frère ou ma sœur en humanité. Je crois très fort en cette vision de la relation et de la pratique du soin. C'est l'autre qui est profondément thérapeutique.

Il y a, à mon avis, une errance, une folie dans ce système qu'est le néolibéralisme appliqué à la santé. Cette folie aboutit – quand les systèmes techniques vont jusqu'au bout – à ce qu'Ivan Illich avait appelé le « seuil de contre-productivité ». C'est-à-dire le moment où le système technique crée l'inverse de ce qu'il prétendait faire initialement. Ainsi, l'école néolibérale crée l'ignorance. Les transports modernes néolibéraux empêchent la liberté de mouvement. Le système de santé néolibéral crée la maladie. Ivan Illich est un penseur de l'écologie, un penseur de la technique aussi, qui a parlé de « la nécessaire convivialité des outils[10] ». Il a dit qu'un outil, avant tout, doit être convivial, c'est-à-dire qu'il doit nous aider à vivre ensemble. Il ne doit pas nous asservir, ou participer à ce que l'un asservisse l'autre. L'humain ne doit pas servir l'outil ; c'est l'outil qui doit être au service de l'humain. L'humain ne doit pas servir le travail ; c'est le travail qui doit être au service de l'humain. Et l'humain ne doit pas servir l'argent ; c'est l'argent qui doit être au service de l'humain. L'humain ne doit pas servir le système de santé ; c'est le système de santé qui doit être au service des humains.

---

9. Emmanuel Levinas, *Éthique et Infini*, Le Livre de poche, 1984.
10. Ivan Illich, *La Convivialité*, Seuil, 2014.

Aujourd'hui, on arrive au seuil de contre-productivité, en ce sens que le système de santé aboutit à créer des gens malades de manière chronique. Ivan Illich, dans un livre qui s'appelle *Némésis médicale*[11], a écrit que le facteur pathogène prédominant des sociétés occidentales modernes est justement le système de santé lui-même. C'est-à-dire que, sous couvert de nous guérir, de nous équiper de nouvelles prothèses, de nous donner des médicaments pour nous tenir, en fait il nous laisse malades au long cours. Il nous enlève la capacité à guérir pour de bon. Il nous désapproprie, nous déresponsabilise de notre souveraineté sur notre propre vie. C'est très compréhensible, quand vous avez un hypertendu qui va passer sa vie sous anti-hypertenseurs. Pourquoi est-ce qu'on n'essaie pas de résoudre, une fois pour toutes, l'hypertension artérielle ? Parce que le critère d'optimisation principal du système – on revient au début –, c'est le profit. Si jamais je guérissais quelqu'un, il n'y aurait plus de profit pour les entreprises qui vendent de la remédiation. Qui vend des remèdes a tout intérêt à ce que nous soyons malades au long cours. À tel point que ces entreprises de la remédiation – « Big Pharma », comme les appellent certains, mais maintenant c'est aussi Big Data – sont venues influencer les instances techno-administratives, l'optimisation des algorithmes diagnostiques et thérapeutiques, et la fabrique du savoir.

---

11. Ivan Illich, *Némésis médicale : l'expropriation de la santé*, Seuil, 1975.

IMPOSTURE – IRRÉALITÉ

Je voudrais vous donner plusieurs exemples de la contre-productivité. Quand je suis arrivé en médecine et à l'hôpital, j'avais à peu près toute liberté pour soigner dans les clous de ce que faisaient mes seniors. Il n'y avait pas de préoccupations financières. La préoccupation financière était cantonnée au domaine du privé. Mais celle-ci a progressivement envahi le champ de l'hôpital public. Est apparue la cotation à l'acte, ou tarification à l'acte (« T2A »), c'est-à-dire que le service ne gagne de l'argent que s'il fait des actes qui font eux-mêmes partie d'une certaine nomenclature. Ce sont des « actes » pour lesquels on – et je dis bien « on », dans son sens indéfini – s'est mis d'accord au ministère pour dire qu'ils donnent lieu à rémunération. Si jamais il se trouve un patient qui ne peut pas bénéficier d'un « acte », alors mon service perd de l'argent. On fait un soin qui ne « vaut » rien. Très rapidement la direction de l'hôpital va se manifester : « Mais vous perdez de l'argent, il faut optimiser votre cotation à l'acte ! » Il y a même, aujourd'hui, des entreprises qui vendent leurs services aux hôpitaux pour optimiser les cotations à l'acte. Entendez donc qu'on maquille, qu'on optimise la cotation à l'acte pour majorer le profit.

Qu'est-ce que ça veut dire, en pratique ? Si quelqu'un arrive en postopératoire avec de nombreux antécédents pour une chirurgie lourde, il ne va rien rapporter à la réanimation. Mais si j'ai l'intelligence d'ajouter l'acte marqueur « ventilation non invasive nocturne », ou « oxygénothérapie à haut débit », par exemple, ça y est, ça cote un acte de réanimation. J'aurai le forfait « réanimation ». Si j'ajoute cet acte, il faut que je sois cohérent. Je vais indiquer, dans le compte rendu d'hospitalisation, que je l'ai fait. Et ce faisant, je vais créer une bulle d'imposture narrative où cette personne, qui arrivait en post-op où tout s'est bien passé, a été ventilée pendant la nuit dans mon histoire telle que je la raconte. Ceci implique un niveau de gravité plus important. D'un côté, mon service reçoit l'argent ; tout le monde est content. Mais c'est une imposture ! L'histoire réelle ne s'est pas passée comme ça. On crée doucement une bulle de réalité fictive digitale, qui prend de plus en plus ses distances avec le réel.

Le réel, c'est que ça s'est bien passé, que le malade est juste passé à travers. Mais, par contre, je vais lui remettre un papier où je vais dire : « Tu as été ventilé par une machine, cette nuit-là. » Ce n'est qu'un exemple parmi d'autres de l'imposture à laquelle on peut arriver. À la fin, on raconte une histoire qui est fausse, qui est surjouée et où j'accentue la gravité parce que c'est lucratif. Ça ne vous rappelle pas quelque chose ? Vous connaissez une histoire collective récente où on a surjoué la gravité ? Et où quelques-uns ont gagné beaucoup d'argent ?

Finalement, c'est devenu la norme de notre système. Le fait de le dire et de l'écrire est compliqué pour moi, parce que ces pratiques-là ont lieu, tous les jours, dans les hôpitaux. Tous les jours, dans les actes marqueurs et dans les diagnostics que nous posons, le nom que nous donnons aux maladies, leur gravité vont être surjoués. Le besoin en examens complémentaires va être amplifié. Il y a même des entreprises dont c'est la spécialité. Parce qu'une maladie, dans la nomenclature, peut avoir parfois plusieurs noms. On peut l'appeler de différentes façons. Si quelqu'un est atteint d'une grosse infection, on ajoute la notion « SIRS infectieux » (syndrome inflammatoire de réponse systémique). Ça cote une gravité 3. C'est la même chose, mais, par ce nouveau nom, l'histoire qu'on raconte fait gagner plus d'argent à l'hôpital. Il faut que les gens comprennent que c'est la réalité quotidienne. On ne s'en rend même plus compte. Mais c'est une imposture permanente.

CRÉATIONS DU SAVOIR

Je vais, à présent, expliquer comment les multinationales participent à changer les diagnostics et les protocoles thérapeutiques. De quelle manière elles se sont emparées de la science, de la fabrication du savoir. Ce ne sont plus les scientifiques désireux du bien commun qui sont chargés de chercher la vérité en sciences et en soins. La « vérité scientifique » est désormais majoritairement établie par l'industrie pharmaceutique et par l'industrie de la data et ses agents directs et indirects.

STÉPHANE

C'est un peu ce qu'explique Christian Perronne lorsqu'il est question des rapports à l'accentuation des décès du Covid-19?

LOUIS

Je ne connais pas tout le discours de Christian, mais effectivement tout le Covid a été surjoué. Les services avaient tout intérêt à surjouer. Parce que, si tu surjoues, tu obtiens tel matériel que tu n'as jamais obtenu en quinze ans, par exemple les postes d'infirmières que tu attendais. Tu peux ouvrir un service Covid avec cinq internes, deux assistants, un chef de service, etc. Devenir « covidologue » et toucher plein pot de remboursements. Là encore, si on regarde en prenant du recul, cet argent mis dans ces endroits-là, c'est de la dette. Ce qui implique l'asservissement éternel à ton usurier.

Est-ce que nous voulons être asservis de manière éternelle à nos usuriers ? C'est une vraie question. Moi, non. Et puis cet argent, tu ne le mets pas ailleurs. Donc, pendant ce temps, on a fermé certains services. On n'a pas soigné certaines autres pathologies. Au motif de soigner le SARS-CoV-2, on n'a plus soigné certains lymphomes, certaines leucémies... Est-ce qu'on n'aurait pas pris la proie pour l'ombre ? Pour soigner des gens dont la médiane d'âge de mortalité est de 82 ans, on n'a plus soigné des lymphomes de gens de 35 ans. Ça dépasse un peu le cadre du néolibéralisme. On est arrivé à un niveau d'imposture et de contre-productivité maximal. C'est un système qui est très pervers et pernicieux.

Je vous ai dit que tout était basé sur ce que recommande la Haute Autorité de santé. Mais sur quoi se base-t-elle ? Sur la fabrique du savoir. La fabrique du savoir, c'est la publication scientifique, aujourd'hui. Historiquement, on pourrait dire que la fabrique du savoir, c'était des professeurs qui, ayant vu des malades, disaient : « Il faut faire comme ça. » Ils parlaient d'expérience. Puis, les médecins venaient, de manière académique, rendre visite aux professeurs. Ils apprenaient avec eux. Puis ils allaient voir le professeur d'en face qui leur disait autre chose. Si bien qu'à la fin ils se faisaient leur propre idée. Se baser sur les grands professeurs et les mandarins avait le mérite de l'authenticité, de l'expertise. Ces gens-là avaient vraiment vu des malades. Ils étaient de vrais soignants, avec une expérience réelle de terrain. Mais cela rendait aussi sensible à leur perversion narcissique.

Mais les statistiques sont venues affirmer que ce n'était pas suffisamment valable. Les scientifiques ont mis en place un outil, une méthode. Descartes discourait déjà sur la méthode. C'est une histoire d'outil technique, d'outil à dire la vérité. Cet outil, on l'a appelé l'« *evidence based medecine* » (la « médecine basée sur la preuve »). C'est-à-dire : « Non mais Gérard, qui a dit que c'était mieux le traitement A que le B, bon c'est Gérard, il a vu quinze patients, et si ça se trouve, ce n'est pas vrai ! » Alors, nous allons prendre de grandes séries de patients, tous pareils – nous allons faire comme s'ils étaient tous pareils. Ils ont tous la même maladie. Puis, même s'ils ne sont pas tout à fait pareils, on va les tirer au sort. Comme ça, on aura autant de petits gros que de grands minces dans le groupe du traitement A que dans le traitement B. Cela s'appelle la « randomisation ». Cette randomisation, c'est génial, parce qu'enfin la seule chose vraiment différente entre les deux groupes va pouvoir être comparée, à savoir : traitement A ou traitement B.

Un critère de jugement principal est choisi. Par exemple : la survie. Et les tests statistiques vont trancher sur le fait que la survie du groupe qui a reçu le traitement A est statistiquement différente, ou non, de celle qui a reçu le traitement B. La survie observée est peut-être un peu différente. Mais est-elle statistiquement différente ? Est-ce que ça veut dire quelque chose, ou est-ce juste un hasard, le fait que ce soit un peu différent ?

Et si c'est statistiquement différent, la conclusion sera : « Ah oui, A est vraiment différent de B et, dans ce cas, peut-être que A est mieux que B. » Alors A sera recommandé. L'outil statistique a été élevé au rang de « fil à couper le beurre méthodologique », de critère de vérité – une vraie boussole à dire le nord de la vérité médicale. Ce n'était pas bête. Sauf que ce système est un système *industriel* à dire la vérité. Et, comme tous les systèmes industriels, il dit toujours la même chose. Il produit toujours le même produit fini en bout de chaîne de montage. Il ne laisse pas place à une bifurcation. Il ne laisse pas place à autre chose. Et il ne fonctionnerait que si les patients étaient vraiment tous pareils. Le temps a permis de mettre en évidence que cet outil est plein de biais, plein de subversion, plein de tricherie, plein de compromissions, plein de corruption.

CORRUPTION SYSTÉMIQUE ET INQUISITION

C'est-à-dire que, oui, dans les faits, les patients ne sont jamais comme dans les livres. C'est-à-dire que, oui, l'image numérique du réel produite pour travailler statistiquement à répondre à la question ne regarde que des tout petits bouts du réel, et le trahit. Je peux truquer le critère principal de jugement, choisir un critère qui m'arrange. Je peux truquer un peu la façon dont j'ai recruté les patients. Je peux même jouer avec les statistiques, éventuellement en utilisant plutôt tel test qu'un autre. Et, surtout, je peux me leurrer sur l'intention de ce que je fais, voire inventer des données, inventer des sets de données pour communiquer des conclusions, sans aucun patient réel. Passer dans l'imposture maximale pour imposer un mensonge à la réalité. C'est l'histoire incroyable du « Lancetgate », pour ceux qui l'ont suivie.

Pour éviter ça – parce que ces problèmes sont récurrents, faisant que finalement ce n'est pas très sûr, alors que ça paraissait crédible –, des systèmes de régulation se sont imposés. Il fallait que ce soit quelqu'un d'autre qui regarde les fichiers, puis que ce soit encore une autre entreprise qui fasse la collecte des données, et puis qu'il y ait un méthodologiste qui aide les chercheurs pour être sûr que ce soit carré, et puis un statisticien qui fasse les stats. C'est devenu une usine à gaz. Une usine à gaz tellement compliquée qu'il n'y a plus eu que les plus grosses structures pour pouvoir le faire. Toi et moi, on ne peut pas faire une étude randomisée, aujourd'hui. Et les plus grosses structures, qui est-ce ? L'État, les conglomérats de recherche internationaux, les multinationales. Ah, voilà ! On a concentré la possibilité même de faire de la recherche dans les clous de la méthode dans quelques mains. Exit la biodiversité. Et bonjour la facilité à corrompre, à subvertir. Ceux qui ont l'argent – les multinationales – ont pris le contrôle sur la capacité même à générer de la connaissance.

Des études complètement frelatées voient le jour. Les médecins et les soignants ne peuvent pas en conclure si elles sont valables ou non. Il y a des gens qui croient, comme à une religion, en l'*evidence based medicine*. Ce sont les zététiciens, les *fact checkers* – souvent des gens jeunes qui n'ont pas de recul, pas d'expérience et à qui l'université a enseigné que c'était la vérité. Ils voient que c'est un peu tordu ; mais ils s'y accrochent encore plus fort. Un peu comme quand l'Inquisition est venue dire : « Ça, c'est la vérité, c'est comme ça, et pas autrement. » Parce qu'ils se rendaient bien compte que la situation commençait à s'effilocher, qu'il y avait des hérétiques et des gens qui commençaient à douter. Il y a plein d'hérétiques, en sciences. Heureusement. Et ils disent : « Mais votre outil est en bois, vraiment frelaté ! » Mais beaucoup s'accrochent à l'outil et cherchent à éliminer ceux qui ne sont pas d'accord. Ça, c'est un peu le néolibéralisme en science médicale. Dès que vous n'êtes pas d'accord avec l'outil qui a été érigé en maître hégémonique sur le système en question, vous vous trouvez déclassé. Vous ne devez pas exister. Vous devez disparaître. Être « vaporisé ». Comme dans *1984*[12], de George Orwell. Comme dans *Le Livre des sentences de l'inquisiteur Bernard Gui*[13]. Hop, au bûcher !

Le néolibéralisme installe progressivement une « santé numérique » basée sur une science qui est construite par les industries de santé et les industries de la data, dans laquelle les soignants disparaissent au profit de machines et où il n'y a plus d'humains pour soigner. Parce qu'enfin, sans humain, le système aura optimisé sa production de profits. Voilà le bout du système de santé qui, pour le moment, en est presque à sa dernière mutation, à la dernière mue. Pour le moment, les médecins trichent, les chefs de service trichent, les directeurs d'hôpitaux trichent. Les systèmes qualité sont devenus des systèmes d'asservissement. Ce sont des gens dans des ministères et à la Commission européenne qui décident, eux-mêmes

---

12. George ORWELL, *1984*, Folio, 2020.
13. Julien THERY, *Le Livre des sentences de l'inquisiteur Bernard Gui*, CNRS, 2018.

agents conscients ou inconscients de multinationales aveugles et destructrices. Vous ne pouvez plus rêver le système de santé idéal ou simplement soigner comme vous le voudriez. C'est quelqu'un d'autre qui vous dit comment vous devez faire !

Cette corruption systémique dont je parle sur la création du savoir a déjà été dénoncée. Ce sont les rédacteurs en chef et les éditeurs des revues médicales les plus prestigieuses qui l'ont dit. Ce sont les gens dont le métier est de publier la création du savoir ! Richard Horton, éditeur en chef du *Lancet* ; Kamran Abasi, éditeur en chef du *British Medical Journal* ; Dr Marcia Angell, rédactrice en chef du *New England Journal of Medicine* ont dit que la publication scientifique médicale était désormais inapte à aider le clinicien et les patients[14]. Elle ne sert plus à bien soigner les gens. Elle sert à optimiser les profits de l'industrie pharmaceutique. Et aujourd'hui plus de 50 % du savoir scientifique produit – et c'est probablement même beaucoup plus que ça – n'a aucun intérêt ni pour les soignants ni pour les patients pour être en bonne santé. C'est juste là pour vendre des médicaments. Il y a beaucoup à dire sur l'édition scientifique. Elle est extrêmement rentable. Il y a une marge bénéficiaire très importante. Et surtout elle est devenue un outil de pouvoir de premier plan. Regardez toutes ces discussions qui consistent à s'envoyer des études à la figure pour justifier son action et son opinion. « Il y a quelque chose de pourri au royaume du Danemark. » C'est l'exergue

---

14. On se reportera avec fruit à l'excellente présentation à l'IHU de Marseille sur la corruption en santé de l'anthropologue de la santé, Jean-Dominique Michel, du 21 mai 2021 : https://youtu.be/WUkcsSnVzl0?t=2103.

d'*Hamlet*. Il y a une corruption systémique majeure dans le système de production du savoir. C'est très problématique pour nous, parce que ça signifie que nous sommes dans une ère de post-vérité. Comment dire ce qui est vrai et ce qui est faux ? Qu'est ce qui est bien ou pas pour soigner les gens ?

FUITE EN AVANT ET DESTRUCTION DU MONDE

Alors voilà, les industries du médicament et de la data fabriquent le savoir aujourd'hui et définissent de quelle façon on doit soigner. Elles sont juges et parties. Et leur objectif n'est pas que tu sois en bonne santé. Leur objectif est de faire du profit sur la maladie. Il y a quelque chose de rassurant dans ce que je vous dis. Il faut prendre conscience que ce système-là n'est qu'un feu de joie. C'est un feu de joie énergétique, d'abord. Il est basé sur une prédation maximale en ressources dont on a déjà touché la limite. Pourquoi je dis ça ? Parce qu'aujourd'hui la problématique, par exemple sur l'antibiothérapie, c'est moins l'antibiorésistance que, probablement, le manque de ressources pour certains principes actifs. C'est-à-dire que l'on a régulièrement les pharmacies qui nous préviennent d'événements de ce genre-là : il ne va plus y avoir d'Augmentin (un antibiotique) pendant un mois. La principale mine de clavulanate (l'un des composants de l'Augmentin) a fermé. C'est trop cher à exploiter, et donc il n'y en a plus. Les ressources deviennent manquantes…

De leur côté, les hôpitaux sont là pour majorer leurs profits, quitte à détruire le système de santé. Je vous donne un exemple en hématologie. L'hématologie est une spécialité extrêmement rentable pour les hôpitaux, mais elle coûte très cher au système de santé. Parce que les médicaments sont chers ; et les soins, très lourds. Il y a besoin de beaucoup de transfusions en plaquettes, en globules rouges, parce que les chimiothérapies son aplasiantes. En hématologie, on prescrit souvent des antibiotiques ou des antifongiques (des médicaments contre les champignons), pour éviter qu'il y ait une infection pendant la période d'aplasie. Il y a des médicaments, pas chers du tout, qui se prennent par la bouche. Mais, un jour, on a constaté que les gens avaient du mal à les prendre parce que c'était par la bouche et qu'il y avait des vomissements, des nausées pendant les chimios. Les hématologues ont changé de médicament pour en mettre un très très cher, par les veines. Ils se sont fait convoquer par la direction de leur hôpital – que je ne citerai pas –, pensant se faire taper sur les doigts. Mais la direction de l'hôpital leur a dit : « Mais ça y est, vous avez enfin compris ! Vous prescrivez ce truc qui vaut très très cher, et c'est hors GHS (forfait lié au séjour hospitalier). C'est dans une autre catégorie de remboursement. Donc ça rapporte encore des sous en sus à l'hôpital puisque ce n'est pas tarifé sur le séjour hospitalier. Continuez, c'est ce qu'il faut faire ! »

Tout le monde joue à tirer sur la machine pour essayer de lui faire cracher du pognon. Un directeur d'hôpital veut que son hôpital vive. Il veut pouvoir embaucher des infirmiers, des médecins, des aides-soignants. Plus ces actes vont être remboursés, plus il en fait, mieux c'est. Même si ça épuise le système de santé ! Même si on fait des soins qui ne servent à rien. Dans les cliniques privées et à l'hôpital, on redistribue l'activité de soins pour aller vers celle qui est la mieux remboursée. Croyez-vous que c'est mieux remboursé d'agrafer la moitié de l'estomac et de l'arracher, pour faire maigrir, dans une chirurgie qui s'appelle une « *sleeve* gastrectomie » ou un « *by-pass* », ou que c'est mieux remboursé de passer un an et demi à faire un régime, à réapprendre à manger, à faire les courses, à accompagner psychologiquement pour essayer d'améliorer l'image de soi, à travailler sur le vide spirituel peut-être, ou relationnel, à aller travailler avec les industries de l'agroalimentaire pour qu'il y ait moins de sucre et moins de saloperies dans ce qu'on mange ? Qu'est-ce qui est le plus rentable tout de suite ? Bien sûr que c'est d'agrafer et d'arracher la moitié de l'estomac. Donc, aujourd'hui, l'obésité morbide se traite plutôt comme ça. Mais peut-être que ce serait plus intelligent de le faire autrement. Mais autrement, ça veut dire des humains, et donc des salaires, et donc une baisse du profit ! Toujours dans cette logique d'optimisation de la rentabilité financière.

On arrive à des façons de soigner les gens qui sont court-termistes, apparemment intelligentes. Mais ça, c'est l'histoire de l'humanité. Chaque fois qu'elle invente une solution, elle se dit : « Génial, on a réinventé la poudre, c'est super ! » Chaque fois que vous regardez la nature, elle bouge de manière un peu plus subtile, avec plein de boucles de rétroaction, plein de voies différentes et adaptatives pour arriver au même but. La nature n'est pas si simple. Et l'humain croit toujours avoir trouvé le fil à couper le beurre, la martingale, la pirouette ; sûr qu'avec ça il va tout résoudre ! Mais ça se retourne toujours contre lui. Prenons l'exemple d'une *sleeve* gastrectomie, il y a une mortalité péri-opératoire importante, pas du tout négligeable, c'est une opération dangereuse. Il y a des complications qui peuvent être très graves. Mais, si je ne me base que sur la question de « combien j'ai fait maigrir en six mois ? », c'est l'option que je vais retenir. L'humain choisit très souvent le côté obscur, parce que c'est plus facile, plus rapide !

AUTONOMIE, PERMACULTURE ET BIOMIMÉTISME ?

Vous ne pouvez pas avoir confiance en ces industries du médicament. Nombre de gens diront : « Quand même, on a besoin d'eux, quoi ! » C'est la réponse systématique, on ne pourrait pas faire sans eux ! Dans un système dit « néolibéral », oui, tu ne peux pas faire sans eux. C'est sûr. Ce qui veut dire qu'il faut très profondément changer le système si tu veux commencer à pouvoir faire de la recherche et du soin sans les industries du médicament ou de la data. Ça veut dire qu'il faut inventer d'autres façons de faire. Mais ces autres façons de faire sont toujours battues en brèche. En fait, les industries de la data et du médicament sont les facteurs pathogènes prédominants, aujourd'hui. Elles interdisent, par des blocages socio-systémiques, la recherche et la pratique d'une santé basée sur la permaculture et le biomimétisme. La botanique, l'herboristerie – qui sont de très vieux savoirs, connus par les vieux pharmaciens – ne sont plus enseignées aujourd'hui. Je n'ai pas étudié les plantes, et les pharmaciens d'aujourd'hui n'étudient plus leurs propriétés. Ce savoir disparaît, tout bonnement. Comme s'il n'avait jamais existé ou comme s'il n'était pas utile au niveau préventif.

STÉPHANE

Juste un petit aparté là-dessus. Il n'y a pas longtemps, j'ai trouvé un petit champignon dans un jardin, et il m'a été conseillé de me rendre dans une pharmacie pour l'identifier, pour savoir s'il était toxique ou pas. La pharmacienne a regardé dans ses bouquins et m'a dit : « Franchement, je ne sais pas, vaut mieux pas toucher. »

PROLÉTARISATION INTÉGRALE EN SANTÉ

LOUIS

Oui, ça va souvent être la réponse, le principe de précaution : ne pas faire. Et accepter de perdre les savoirs. Voilà un élément très important du néolibéralisme et de la disruption : remplacer tout ce qui est du domaine de l'artisanat par des systèmes techniques algorithmiques, pour détruire les savoirs. Il y a tout un groupe qui s'appelle « Ars Industrialis » (association internationale pour une politique industrielle des technologies de l'esprit), qui était dirigée par Bernard Stiegler, le père de Barbara Stiegler. Ars Industrialis[15] a développé des réflexions philosophiques et sociologiques sur notre rapport aux systèmes techniques.

15. Le premier motif de constitution d'Ars Industrialis est le fait qu'à notre époque la vie de l'esprit, selon les mots d'Hannah Arendt, a été entièrement soumise aux impératifs économiques, et aux impératifs des industries culturelles, et des industries de l'informatique et des télécommunications. Ce secteur peut être défini comme celui des « technologies de l'esprit ». À la critique du dévoiement de ces technologies comme instruments de contrôle des comportements – c'est-à-dire des désirs et des existences –, Ars Industrialis associe la proposition centrale de former une écologie industrielle de l'esprit.

Ils ont développé le concept de « prolétarisation intégrale ». J'y reviens. C'est quoi ?

C'est la perte des savoirs. Voilà, nous, médecins, perdons le savoir. Nous ne sommes plus capables de savoir vraiment ce qui soigne et ce qui ne soigne pas. On apprend juste par cœur ce que nous dit l'industrie sans plus pouvoir prendre de recul.

La perte des savoir-faire. Ne plus savoir faire sans la machine. Même prendre la tension, aujourd'hui, sans la machine, je me rends compte que peu d'étudiants savent le faire. Pas besoin, il y a une machine qui le fait ! C'est la perte des savoir-faire.

La perte des savoir-être. Je passe la moitié de ma journée en consultation derrière un écran, je ne vais même plus savoir me comporter avec le patient en face de moi, lui témoigner de l'empathie. Le regarder, l'écouter. Parce qu'à la fin il s'agit surtout de remplir mon formulaire de saisie automatisé sur mon logiciel d'aide à la consultation. Finalement, toute bifurcation par rapport à ça serait une perte de temps. Il y a des gens dans la salle d'attente qui m'attendent, donc, moi, il faut que j'accélère. On retrouve Charlie Chaplin dans *Les Temps modernes* qui essaie de serrer les boulons.

La perte des savoir-théoriser. Ne plus comprendre dans l'ensemble comment marche la maladie. Ne plus avoir de recul et une compréhension globale et intégrée physiopathologique et historique ! Finalement, si je n'ai besoin que d'appliquer un protocole, je n'ai pas besoin de savoir comment ça marche. Des gens qui soignent le Covid ou d'autres maladies ne comprennent rien à la maladie. Et ils ne cherchent pas à comprendre. Ils n'en ont pas besoin réellement, ou ils ont l'impression de ne pas en avoir besoin, parce qu'ils ne font qu'appliquer le protocole. Ça, c'est la réalité du soin. C'est assez sombre tout ce que je vous raconte sur ce néolibéralisme en santé.

L'hégémonie de l'industrie de la data, l'hégémonie de l'industrie du médicament ont complètement court-circuité et effondré les régulations scientifiques d'un côté pour la création du savoir, et puis les régulations administratives et techniques, pour la création de la pratique de soin. Ces industries sont gangrenées de conflits d'intérêts et de corruption. À la Commission européenne, à l'Agence européenne du médicament, à la commission chargée de la vaccination se trouvent des personnes originaires de l'industrie pharmaceutique. Vous le saviez déjà pour l'agroalimentaire et l'agro-industrie, ce jeu des chaises tournantes entre les multinationales et l'administration. Vous étiez déjà au courant parce que vous aviez déjà vu les documentaires *We Feed the World* ou *Le Monde selon Monsanto* ou des choses comme ça. Mais dans l'industrie de santé, c'est exactement pareil.

Le néolibéralisme, c'est le maximum de profit de manière mondialisée, sans frontières, en vous faisant croire que vous êtes libre, mais en vous mettant dans un système d'asservissement intégral. Le néolibéralisme et le totalitarisme sont extrêmement cohérents. Ils vont ensemble. Aujourd'hui, il n'y a pas de débat démocratique et scientifique autour des questions sanitaires. Il n'y en a simplement pas. Parce que, justement, le système néolibéral et industriel de la création du savoir et de la pratique du soin exclut même l'idée d'une alternative. Une fois que vous avez fait votre chaîne de montage, qu'elle est parfaite, il n'y a personne qui pourra la critiquer. Vous ne pourrez pas la transformer, surtout si la transformation implique qu'il faudrait diminuer le profit. Il y a un vrai raidissement quand quelqu'un arrive avec une idée scientifique alternative, un peu novatrice qui constituerait une bifurcation et utiliserait d'autres méthodes de validation. Cette idée n'est pas reconnaissable par le système lui-même, qui va tout faire pour l'exclure.

FABRIQUE DU CONSENTEMENT EN SANTÉ

STÉPHANE

Il y a une perte de confiance dans ce système, et cette perte de confiance se ressent dans le domaine médical aussi...

LOUIS

Oui, tout à fait. La publicité, le neuromarketing, les médias sont extrêmement puissants pour vous faire croire que vous avez besoin de quelque chose, ou même pour mettre en place les conditions systémiques pour que vous ayez besoin de cette chose. Si tout le monde n'est pas connecté à un iPhone, si vous n'avez pas de QR code obligatoire à l'entrée des officines, si vous vivez dans un monde où vous êtes proche de vos amis dans le périmètre défini d'un éco-lieu, par exemple, alors vous n'avez pas besoin d'un iPhone. Maintenant, si vous vous trouvez dans un monde où vous êtes séparés les uns des autres, où vos enfants sont partis faire des études à 600 km ou que votre beau-frère vit à Toronto, là, en fait, vous avez créé un monde mondialisé où l'intermédiation – c'est-à-dire le fait de se mettre en lien avec quelqu'un d'autre – n'est plus possible à votre échelle. Il va falloir utiliser un outil pour vous permettre d'avoir encore un lien avec cette réalité élargie.

Le système de santé, aujourd'hui, vous fourgue de la remédiation de manière quasiment obligatoire. « Vous ne vous sortirez du Covid que si vous êtes vacciné. » Vous ne pouvez pas, vous-même, améliorer votre immunité. Vous ne pouvez pas, vous-même, trouver des remèdes de grand-mère. Ça n'existe pas, dans la logique du marché. Vous ne pouvez pas disposer de médicaments pas chers en repositionnement moléculaire. Le seul truc qu'il vous faut, si vous ne voulez pas aller en réa, c'est être vacciné. Ça, c'est de la manipulation. Du neuromarketing. De la propagande. On a utilisé un événement traumatique pour, ensuite, définir quelle allait en être la solution.

La confiance repose sur la respectabilité putative de la personne qui propage le discours. La personne qui propage le discours, c'est la Direction générale de la santé, c'est le ministère de la Santé, c'est la Haute Autorité de santé, c'est l'ANSM, c'est le Conseil scientifique – des gens qui se parent de respectabilité. De même que les médias, *Le Monde*, *Libération*, deux journaux qui ont une histoire, qui font référence chez tous les gens qui contrôlent ce pays. Ça fait bien de les lire et de pouvoir les citer. Il faut se rendre compte que, justement, le néolibéralisme et ses seigneurs, ses barons – c'est-à-dire, en gros, ceux qui sont derrière les multinationales – se sont acheté les structures de respectabilité et de médiation. Qu'est-ce que ça veut dire ? *Le Monde*, *Libé*, les autres journaux sont de la presse financée par des opérateurs privés et par le public. On peut croire, puisque c'est financé par le public, que ce serait le gage d'une certaine indépendance. Mais qui décide de ce qui est financé par les fonds publics ? Est-ce que vous êtes allé voir la commission d'attribution des budgets culturels ? Si vous deviez avoir un petit moment critique, pouvez-vous dire ce qui est financé en art contemporain, pour avoir un contrepoint ? L'œuvre d'art, dans la cour des Tuileries, financée 3,5 millions d'euros, avec une crotte de chien ou des anus en plastique par Jeff Koons ou je ne sais qui ? Qui décide de ça ? Ou la banane scotchée sur le mur, et le gars qui bouffe sa banane et qui vous dit : « C'est trois cent mille balles. » J'exagère ! Ce n'est peut-être pas autant. Qui décide ? Ceux en qui vous placez votre confiance, ceux qui sont censés être respectables ?

HOLD-UP ?

Vous savez que les politiques ne sont pas respectables. Vous savez que ce sont des marlous. Vous savez que ce sont des voyous, qui vont mentir et vous racketter dès qu'ils le peuvent ! Le néolibéralisme, c'est l'histoire du racket par des voyous. C'est l'histoire du hold-up. Et ce n'est pas une histoire très neuve. Ils disent « néo », mais en général quand il y a « néo »-quelque-chose, c'est que ce n'est pas une histoire bien neuve. Dans le village d'où vient ma famille, dans le Haut-Languedoc, au Ve siècle après Jésus-Christ, il y avait une horde de barbares armés jusqu'aux dents, qui s'était installée dans un château, sur la colline, en haut. Ils ont dit aux villageois : « On vous protégera, si vous nous apportez à manger. Sinon, on prendra ce qu'on veut. »

Des seigneurs se sont installés au niveau judiciaire, politique, médiatique, et à tous les niveaux du pouvoir. Ce sont les vassaux de suzerains plus importants, que sont les puissances économiques et financières. Ces dernières se sont payé les États. C'est ce qui s'est passé avec l'Union européenne. C'est ce qui s'est passé avec la mise en place d'un système de dette éternelle. Pourquoi est-ce qu'on est en déficit de manière constante et croissante ? Parce que nos dirigeants ne savaient pas gérer, et qu'ils ont fait n'importe quoi ? Pas sûr. Une autre façon de voir serait : parce que, de manière volontaire, les États ont été mis en faillite et en dépendance financière éternelle vis-à-vis d'usuriers.

Les seigneurs financiers sont les mêmes qui possèdent les multinationales. Vous leur faites confiance, mais vous ne devriez pas. Ils se sont approprié l'ensemble des espaces de votre vie. Ils se sont approprié l'eau. Ils se sont approprié les États, les régulations politiques et législatives. Ils se sont approprié les transports. Vous avez vu que votre Ouigo est un partenariat public-privé qui n'a plus grand-chose à voir avec la SNCF de nos grands-parents ? Ils se sont approprié vos autoroutes, vous vous en souvenez ? Ils se sont approprié les forêts, les médias et l'art de raconter une histoire, de dire la vérité. Ils se sont approprié la publication scientifique médicale. Ils se sont approprié tous les champs de l'existence. Ils finissent par s'approprier vos vies. Nous sommes du bétail, dans l'œil du multimilliardaire sans morale et sans scrupule. La multinationale est un système technique en soi. Aveugle et fou. Mais y a-t-il quelques personnes derrière ces entités ?

La santé n'échappe pas à ces mêmes multinationales. Vous pouvez aller voir des petites vidéos réalisées par

Oussama Ammar – quelqu'un d'extrêmement intelligent, mais qui est partie prenante et qui croit au système néolibéral. Il explique, avec délice, la disruption du système de santé. Il s'occupe d'une pépinière de start-up qui s'appelle « The Family ». Il a fait une série de vidéos intitulées *Les Barbares attaquent*. Le nom est éloquent. Il y détaille, par le menu, la destruction de toutes nos régulations par les *startuppers*. Et ces *startuppers* finissent tous mangés... par des multinationales. Les barbares attaquent la santé ; les barbares attaquent l'Assurance maladie ; les barbares attaquent le numérique ; les barbares attaquent l'air respirable... À la fin, c'est ce qui va se passer. Si on laisse faire ce néolibéralisme, vous achèterez l'air respirable. Alors que c'est un bien commun. L'alternative à cette désappropriation progressive de tout ce qui vous entoure jusqu'à vos propres vies et même jusqu'à vos propres corps, in fine, est de recréer la notion des communs. Et les communs, ce sont les biens communs, administrés par ceux qui en jouissent, selon des règles du jeu établies par ceux qui jouissent de la ressource. Mais c'est une autre histoire et un autre chapitre. Le début du livre : c'est le constat !

CHAPITRE 2

TRANSHUMANISME

UNE DÉCORRÉLATION S'EST MAINTENUE ENTRE LA TECHNIQUE ET L'ÉTHIQUE, COMME SI LA FASCINATION EXERCÉE PAR LES INVENTIONS HUMAINES DEPUIS LA CHINE ANCIENNE, LA GRÈCE ANTIQUE, DURANT LES LUMIÈRES ET JUSQU'À NOS JOURS, AVAIT OCCULTÉ LA PORTÉE DE LEURS INCIDENCES SUR L'ONTOLOGIE HUMAINE.

Éric Sadin, *La Vie algorithmique : critique de la raison numérique*

PEUR – INSUFFISANCE ET HUBRIS

STÉPHANE

On comprend bien que le transhumanisme est l'une des voies vers lesquelles on souhaite nous emmener, non pas pour le bien de notre santé, mais pour cette suite logique d'économies et de profits sans limites. Cependant, j'ai le sentiment que trop peu de personnes s'intéressent au transhumanisme et à tout ce que cela englobe. Avant de t'écouter nous en parler, j'aimerais simplement partager quelques publications sur l'un des principaux représentants de ce courant, l'écrivain et historien Yuval Noah Harari.

En janvier 2019, dans l'article «*Sapiens*, décryptage d'un succès planétaire» du *Monde diplomatique*, il était écrit:

«Nourri d'anecdotes et de précisions savantes, *Sapiens*, de Yuval Noah Harari, se présente à la fois comme une séduisante entreprise de vulgarisation portant sur l'histoire de notre espèce et comme une réflexion sur le sens de cette histoire. La pédagogie se double ainsi de considérations qui, sous couvert de science, trahissent une banale défense de l'idéologie dominante. [...] Le premier volet de sa trilogie, *Sapiens*, s'est écoulé à huit millions d'exemplaires dans le monde. *Sapiens* a été loué par MM. Bill Gates, Mark Zuckerberg, Barack Obama, Carlos Ghosn, ou encore par l'artiste Damien Hirst. Impressionnant. Harari est ainsi adoubé comme un maître-penseur, y compris par Jared Diamond, l'auteur du célèbre *Effondrement* (Gallimard, 2006). En bref, il est aujourd'hui "le penseur le plus important du monde[1]" pour avoir, comme le résume brillamment le site de la Fnac, écrit "un livre-monument, audacieux et provocateur qui remet en cause tout ce que nous pensions savoir sur l'humanité". »

On peut également lire sur le site Transhumanistes.com[2] : « Depuis sa sortie (2017, en français), beaucoup, beaucoup de gens dans le monde ont lu le livre de Yuval Harari *Homo deus*. Dans sa partie introductive, celui-ci avance que,

1. Le 20 septembre 2018, *Le Point* publiait un article intitulé : « Yuval Noah Harari, le penseur le plus important du monde. » https://www.lepoint.fr/societe/yuval-noah-harari-le-penseur-le-plus-important-du-monde-20-09-2018-2252835_23.php.
2. https://transhumanistes.com/yuval-harari-et-lamelioration-technique-de-lacces-au-bonheur/.

dans les décennies à venir, l'humanité va chercher à réaliser, par la technique, trois objectifs majeurs. Le premier serait d'éradiquer la mort ; le deuxième d'atteindre le bonheur ; et le troisième, l'omnipotence. »

Qu'as-tu à nous dire sur le transhumanisme ?

LOUIS

Il est très important que les gens réfléchissent profondément à ce qu'est le transhumanisme et que, tous ensemble, nous parvenions à proposer une réflexion construite. L'idéologie transhumaniste n'est pas une idée en l'air qui flotterait un peu à distance, elle est sous-jacente et touche toute la sphère économique, financière, politique, idéologique, culturelle.

Elle s'instille de manière interstitielle dans les publications des journaux, des magazines, dans la façon dont les articles sont tournés. Cela rejoint le rêve démiurgique, le rêve prométhéen[3] d'un monde où l'humain ne pourrait survivre que parce qu'il a des artefacts, des outils techniques à disposition qui lui permettent de compenser sa faiblesse initiale.

Le postulat du transhumanisme est que l'humain est sur terre dans un environnement hostile, sans plumes, sans griffes, sans ailes, sans rien pour se protéger. Profondément, le monde ne serait pas accueillant, et l'humain doit construire autour de lui une sorte de coquille de protection qui le prémunirait des agressions du monde. Les penseurs, les philosophes

---

3. Prométhée ayant volé le feu aux dieux, il dote l'humanité de la puissance créatrice, avec le rêve de devenir dieu à la place des dieux.

du transhumanisme sont nombreux, issus de divers courants idéologiques. Ils ont acquis une certaine notoriété et sont présentés comme les leaders d'opinion les plus importants de notre génération, tel Harari. Ils sont censés nous indiquer ce vers quoi nous devons tendre, ce vers quoi l'humanité tout entière devrait logiquement et implacablement cheminer pour nager dans un bonheur éternel…

C'est très ancien, et ça vient de quelque chose de profond dans l'histoire du monde. L'humain est pris par une folie des grandeurs, un orgueil démesuré. Les Grecs appelaient ça l'« hubris ». C'est le rêve de l'humain de devenir lui-même Dieu à la place de Dieu, remplaçant le Créateur et créant un monde à sa mesure. C'est très profondément ancré en nous, jusqu'à devenir cycliquement prédominant et excessif. Ce n'est plus simplement construire notre maison et avoir des outils pour nous empêcher de souffrir, mais c'est quelque chose qui cherche à nous emmener vers un humain augmenté, qui serait différent de l'humanité que nous avons connue jusqu'ici, affranchi, une bonne fois pour toutes, de la souffrance grâce à la technique. Il y a une sorte de feuille de route technique qui est née dans l'esprit de gens qui ont déjà résolu l'ensemble des problématiques inhérentes à la condition humaine sur terre. Les béquilles techniques existent déjà pour pallier le fait de devoir se loger, d'avoir des remèdes pour les maladies, d'être triste… Pour les gens riches !

L'idéologie transhumaniste est surtout portée par des gens qui n'ont plus aucun problème matériel réel. Le seul problème qui leur reste à affronter est celui de la mort. Il faudrait donc la dépasser. Et le rêve transhumaniste ultime serait de télécharger notre esprit sur une clé USB, notre identité, afin qu'on puisse la recharger dans un nouveau véhicule, un nouveau corps dans une sorte d'éternité infiniment suspendue de nous-mêmes. Cela me rappelle un texte d'Orson Scott Card[4], un auteur de science-fiction que j'avais lu quand j'étais plus jeune. Il racontait une histoire mettant en scène les gens dont l'accession sociale était la plus aboutie, et qui, dans ce monde-là, s'avéraient être des acteurs. Chaque moment de vie sur terre était filmé et donné en pâture à tout le monde. C'était leur vie dans une sorte de film, et ils étaient récompensés de leurs prestations d'acteurs par une drogue – le Somec – qui les plongeait en permanence dans le sommeil. Les seuls moments où ils se réveillaient – où ils « ricochaient », en quelque sorte, à la surface de la réalité, où ils la touchaient –, c'était en vivant cette imposture dans ce *reality show*. Le reste du temps, ils dormaient et ne vieillissaient pas. Ils ne souffraient pas. Il ne se passait rien, et ils pouvaient vivre éternellement. Avec ce type d'idéologie, une pierre qu'on jette ne devrait jamais finir par tomber dans l'eau, elle devrait continuer à ricocher…

Le rêve transhumaniste, c'est un peu ça : « Je ne vais jamais être touché par le monde, je ne vais jamais me transformer, je vais rester un soi cohérent, une néguentropie[5] cristallisée qui ne sera jamais remise en cause par la réalité. » Mais c'est l'inverse des lois du vivant ! En réalité, nous prenons forme, nous grandissons, nous nous confrontons au monde, nous souffrons, nous nous transformons encore. Cette forme évolue en permanence selon les interactions que nous avons les uns avec les autres.

---

4. Orson Scott Card, *Contes de Capitole et de la forêt des eaux*, Atalante, 1998.

5. Terme cher à Bernard Stiegler, qui traduit le mouvement de constitution d'une cohérence, d'une organisation d'un système. Le contraire de l'entropie, en somme.

LE TECHNO-COCON

L'idéologie transhumaniste, c'est l'idée que je ne devrais jamais être touché par les autres. Je ne devrais jamais être transformé par le monde, par le vivant, par la réalité. C'est moi qui construirais *de novo*, à partir de moi-même, le réel. C'est un rêve d'adolescent. Cela voudrait dire que je m'affranchis d'autrui. J'envoie tout balader. Il n'y a que moi qui compte ! C'est une sorte de narcissisme, d'autosatisfaction permanente devant un miroir, comme dans une masturbation éternelle, mégalomaniaque, où le reste importe peu. Je n'en ai plus besoin puisque j'ai construit de moi-même les conditions de mon autosatisfaction ! C'est une idéologie paranoïaque qui n'admet pas la présence de l'autre.

C'est vraiment ce qu'on est en train de construire : un monde où l'on est bardé d'artefacts, où l'on vit dans un « techno-cocon », comme dirait Alain Damasio[6] – qui est aussi un auteur de science-fiction –, un techno-cocon qui me protège une fois pour toutes. C'est une idéologie mortifère, parce que l'endroit où on est le plus stable, où plus rien ne bouge, où on est enfin dans un confort définitif, c'est dans un cercueil ! C'est vivre une vie de mort-vivant que de ne jamais vouloir être transformé. D'autant qu'elle part d'un mensonge : « C'est moi qui autoconstruis tout. » Mais je ne construis rien ! Je vais acheter les conditions de mon éternité et de ma liberté, définitivement affranchi des carcans du réel, mais définitivement asservi aux vendeurs de virtuel. Je vais l'acheter à ceux qui me procurent la technique. Finalement, les tenants du transhumanisme proposent un jeu de dupes. Ils prétendent nous rendre libres et nous affranchir définitivement de la souffrance pour peu que l'on ait le bon abonnement. Si tu es riche et célèbre, tu auras souscrit à la bonne formule. Si tu es pauvre, tant pis pour toi, tu continueras à souffrir et tu seras l'esclave de ce système.

Les transhumanistes sont partis très loin de la réalité. Ils cherchent à construire une société idéale qui ne bouge plus, qui est automatique et où tous les éléments de la vie quotidienne sont satisfaits par un algorithme. Si tu t'extrais de la réalité sensible et sensorielle, tu vas vers un monde fantasmé, le « monde idéal ». Exactement ce qu'est le monde numérique. La création du monde numérique telle qu'à l'œuvre aujourd'hui est une sorte de duplication fantasmée de la réalité. On a mis

---

6. Alain Damasio, *La Zone du Dehors*, Folio, 2014.

des boucles algorithmiques de rétroaction qui font que le monde ne va plus se dérouler comme il devait se dérouler, mais selon le plan prédit dans l'algorithme numérique. La feuille de route du numérique en santé, par exemple, est déjà tracée. Il est déjà écrit que l'on doit progressivement remplacer les soignants, les humains, par des systèmes techniques, des robots qui eux-mêmes captureront de l'information, la traiteront et forgeront la transréalité.

DUPLICATION ET TOTALISATION NUMÉRIQUE DU RÉEL

Un exemple prosaïque, c'est Waze[7]. Il s'agit d'une capture de la réalité du trafic routier dans un grand tableau Excel avec des cases où il va y avoir la position de chaque véhicule, son déplacement, sa vitesse, etc. Le système numérique indique qu'il y a des embouteillages dans telle rue. Si tu ne veux pas d'embouteillage, ne passe pas par là. Non content de dupliquer la réalité, le système numérique a bâti un dévoilement de ce qu'elle était. Il va te dire, mieux que toi-même, ce qu'est la réalité. Tu serais peut-être passé spontanément par l'endroit où il y a un embouteillage, mais, grâce à Waze, tu sais ce que tu ne pouvais pas savoir, tu as une vision globale, tu es Dieu à la place de Dieu. Tu as des yeux qui te permettent de tout voir, de tout savoir en temps réel, à chaque instant. Les Grecs parlaient d'« alètheia » : la vérité du dévoilement.

7. Application numérique utilisant la géolocalisation pour fournir un itinéraire avec temps de transit optimisé à travers les embouteillages.

Les systèmes numériques, par la duplication intégrale de la réalité, bâtissent une réalité virtuelle dans laquelle je peux savoir tout ce qu'il se passe ; un peu à l'image des modèles prédictifs météorologiques. Si je connais la position de chaque nuage, l'humidité, alors je peux dire de quelle façon ils vont bouger. Il y a une condition à la validité de ce système de duplication numérique du monde et de dévoilement d'une réalité élargie. Il ne tient que parce qu'il est totalisant, que parce qu'il a toute l'information. Waze ne fonctionne que parce que tout le monde est connecté. S'il n'y avait que trois pèlerins connectés, ça ne fonctionnerait pas. Il faut que tout le monde soit pris dans la toile. La tentation du système numérique, c'est d'être un totalitarisme. De prendre toute la place.

STÉPHANE

D'où l'on voit les 40 000 satellites par le créateur de Tesla dans l'espace pour répandre la 5G mondialement...

LOUIS

On doit percevoir que, derrière cette feuille de route numérique de duplication du monde pour nous aider en permanence à ce que tout soit plus fluide, plus facile, à ce que ta vie soit liquide, il y a une prétention totalitaire. Parce que, si tu lui échappes, tu seras un grain de sable dans l'engrenage. Tu vas empêcher le plan de se dérouler comme il se devait. Tu vas constituer une bifurcation, une anomalie, pire, un danger. Et c'est intolérable. Tout va être mis en œuvre pour que tu ne puisses pas faire autrement.

Les gens ont-ils vraiment le choix entre avoir un téléphone portable ou ne pas en avoir ? Ne plus avoir de téléphone portable devient de la marginalité, une auto-exclusion du monde. L'idée, c'est de faire que tous ceux qui cherchent à faire autrement ne puissent plus être reliés, qu'ils s'auto-excluent. Parce que, sinon, ils formeraient des groupes humains qui recréeraient une petite bulle de réalité cohérente, en dépit de la réalité virtuelle. Il faut surtout tout faire pour que ces gens-là ne puissent pas se retrouver ou pour que, s'ils se retrouvent, ils soient obligés de passer par un système numérique. Pense à ce qu'est la résistance face à la narration dominante du Covid. Elle est obligée de passer par des systèmes numériques et, de ce fait, fait partie du système. Elle ne peut pas y échapper. Je dirais tout cela moins bien qu'Éric Sadin pour qui j'ai une admiration sans bornes. Dans une trilogie parue aux éditions L'Échappée, il explique, avec une langue claire, une pensée limpide, ce que j'essaie de te dire maladroitement. Je conseille à tous nos lecteurs de lire ces trois livres : *La Silicolonisaton du monde*, *La Vie algorithmique*, et *L'Intelligence artificielle ou l'Enjeu du siècle*[8].

Dans ce système de duplication numérique du monde, la plupart des outils que nous utilisons sont des outils de capture de l'information. Que ce soit cette vidéo caméra, ce microphone, ton téléphone portable dans ta poche qui prend ton hygrométrie, ta position GPS... Toute cette capture d'information vient se greffer, se mettre sur toutes les surfaces de la ville. Il y a des caméras vidéo partout. Il y a capture des mouvements des voitures

---

8. Éric Sadin, *La Vie algorithmique* (2015), *La Silicolonisation du monde* (2016), *L'Intelligence artificielle ou l'Enjeu du siècle* (2018), L'Échappée.

en temps réel. Il y a des captures de l'information météorologique. Et tout cela vient nourrir des bases de données gigantesques. Il ne faudrait pas que tu puisses ne pas en faire partie.

Quelqu'un qui déciderait de ne pas avoir de pass vaccinal, de ne pas avoir un QR code, serait considéré comme dangereux parce qu'il risquerait d'induire un monde qui n'est pas prévu. Et il risquerait d'échapper au pouvoir de ceux qui possèdent la capacité de capture numérique. Donc on forge une bulle d'une deuxième réalité en parallèle à la réalité elle-même, qui est ce que j'ai appelé la « duplication numérique du monde ». Encore une fois, cette duplication doit être totalisante, sinon elle est inopérante. Elle permet une alètheia – c'est-à-dire un dévoilement – qui nous donne une impression de pouvoir. D'un coup, il nous est donné de dépasser notre propre condition. Nous sommes mis en capacité d'appréhender le monde d'une manière beaucoup plus ample qu'avant.

MIROIR AUX ALOUETTES NUMÉRIQUE

Nous pouvons savoir ce qui se passe à Shanghai via Google. Mais est-ce la réalité ? Il y a confusion. À tel point que les gens pensent que Waze sait mieux qu'eux par où il faut passer. Sauf que ce n'est pas tout à fait vrai puisque le système, lui-même, a des biais très profonds. Je donne un exemple, c'est cette anecdote fameuse d'un Caddie posé sur une grande avenue de San Francisco dans lequel on a mis trois cents téléphones portables connectés en même temps à Waze. On a créé un embouteillage virtuel dans ce petit Caddie. L'avenue devient vide. Dans le monde numérique, tout le monde est persuadé qu'il y a un embouteillage, mais dans la réalité la rue est vide. Il y a juste un Caddie rempli de téléphones portables ! Ça devrait nous faire réfléchir…

Est-ce qu'on veut vivre dans une bulle numérique complètement chimérique, complètement virtuelle, complètement fantasmée, ou est-ce qu'on veut vivre dans le réel ? Les casques de réalité virtuelle sont un autre exemple. Voulons-nous vivre avec un casque de réalité virtuelle où il y a des arbres qui chatoient dans le vent et des chants d'oiseaux, tout en étant au milieu d'un paysage post-moderne lunaire ? Ou est-ce qu'on veut être en interaction avec le réel ?

La réalité numérique – qui a été imposée par le transhumanisme – devient plus facile à manipuler que le réel. Pour toi et moi, il est désormais plus facile de créer une chaîne YouTube, un très beau paysage avec Adobe Photoshop ou je ne sais quel logiciel que d'aller planter des arbres pour de bon et faire pousser de la beauté. Ce système nous exclut du réel et nous enferme dans une bulle numérique. Mais ces systèmes digitaux de duplication – dévoilement –, enfermement ont, en outre, un énorme pouvoir prescriptif.

Si Waze dit à tout le monde qu'il y a embouteillage à un endroit, il risque de générer, lui-même, un embouteillage ailleurs ! Il va induire l'état du système à un temps T + 1, puisqu'il a un feed-back sur les données et peut interagir avec elles. Évidemment, puisqu'il a donné une recommandation d'itinéraire, une prescription aux utilisateurs. Il n'est pas difficile d'imaginer quelles peuvent être les dérives de celui qui a ce pouvoir prescriptif : si tu as le bon abonnement premium, que tu es entrepreneur, que tu es pressé parce que tu as rendez-vous à l'aéroport, il t'invitera à emprunter un certain itinéraire. Ceux qui auront un abonnement moins prestigieux se verront proposer un autre itinéraire, afin de libérer la voie aux abonnés premium. Est-ce que Waze ne le fait pas déjà ? Pas sûr ! Parce que cette duplication numérique du monde nous enferme en silos dans l'abonnement qu'on a choisi. Si toi tu tapes une requête Google avec ton abonnement Gmail ou sur ton adresse IP habituelle, et que moi je tape la même requête avec mon abonnement à moi, avec tout ce qu'a enregistré Google depuis longtemps, nous n'aurons pas les mêmes résultats. Nous sommes enfermés, chacun, dans nos cellules numériques où l'on nous diffuse ce que devrait être le monde. La caverne... La caverne de Platon, toujours et encore[9].

Sur YouTube, quand on va chercher un mot-clé, toi et moi n'aurons pas accès à la même sélection de contenu, parce que, par son algorithme, YouTube nourrira la réalité dans laquelle il nous enferme, et je n'aurai jamais accès à autre chose. Mais ça, c'est donner un pouvoir démesuré aux gens qui maîtrisent la technique et qui nous ont fait croire qu'elle était *open source*, « en libre accès », etc. En fait, toi et moi sommes devenus des morceaux du système technique. Nous ne sommes plus des humains libres. Nous sommes des morceaux d'information qui ont été aspirés et viennent nourrir la matrice. Eh bien voilà, tu n'es plus un humain. Tu es déjà un « transhumain » !

---

9. PLATON, *La République livre VII*, Nathan, 1991.

RATIONALITÉ INSTRUMENTALE

Dans le transhumanisme, il y a l'idée que l'humain n'est plus une fin en soi. Il est un moyen, un outil. Ce que les penseurs de la postmodernité, notamment de l'École de Francfort[10], Adorno, Horkheimer, ont appelé la « rationalité instrumentale ». L'humain n'est plus qu'un instrument au service d'un autre dessein que sa propre vie. Il sert l'avènement d'une société idéale qui fonctionnerait de manière automatique, optimisant le bonheur en continu de chacun de ses habitants. C'est le bout du rêve démiurgique. Le démiurge, au début, voulait juste prendre le feu aux dieux et le donner aux hommes pour qu'ils soient affranchis de la souffrance.

Le transhumaniste a fait plus que ça. Il a recréé un monde parallèle dans lequel l'homme n'est plus qu'une variable, et où tout est optimisé. Cela rejoint le rêve de Hobbes dans le *Léviathan*, où il décrit une société idéale qui serait comme un mécanisme d'horlogerie, et crée une ville où toutes les rues seraient exactement de la bonne taille pour que les gens qui se croisent ne puissent jamais se rentrer dedans ; pour que les calèches n'aient jamais d'accident. Pour que tout soit parfait. C'est la clé. Le transhumanisme veut la perfection. Mais la perfection n'est pas de ce monde ! Alors il faut faire un monde virtuel.

La perfection n'est pas humaine, il y a le PFH – le putain de facteur humain ! Que l'on veut transformer en « précieux facteur humain ». L'humain est là pour mettre le bazar, pour foutre

10. L'École de Francfort est un groupe d'intellectuels allemands réunis autour de l'Institut de recherche sociale, instituée à Francfort en 1923. Elle fonde la philosophie sociale et la théorie critique. La philosophie doit y être utilisée comme critique sociale du capitalisme, et non comme justification et légitimation de l'ordre existant.

le bordel! Il n'est pas là pour que tout soit parfait. Parce que, si tout est parfait, il n'y a aucune initiation, aucune transformation en se brûlant au feu du réel, en se confrontant à la souffrance. La transformation par la confrontation au réel permet d'accéder à autre chose. Dans certaines sociétés traditionnelles, l'enfant devient un homme quand il est enterré pendant trois jours jusqu'au cou, par exemple, ou quand on lui met des crochets dans les tétons et qu'il doit tirer dessus jusqu'à s'arracher à sa condition pour devenir enfin un chasseur qui fait partie du clan des hommes et qu'il accède à quelque chose de plus grand, de plus large. Ce sont les épreuves initiatiques. Elles structurent une limite. Elles confrontent à la mort. Elles invitent à grandir et à gagner en responsabilité. Une fois passé dans le groupe des adultes, la responsabilité apparaît et s'accroît. Le transhumanisme voudrait qu'il n'y ait pas de limites. *No limit.* Pas de responsabilité. Jouissance éternellement suspendue. D'ailleurs, il ne veut plus qu'il y ait de mort.

STÉPHANE

Tu m'avais parlé de gens comme Laurent Alexandre qui a écrit *La Mort de la mort*, ou Jacques Attali qui est, depuis très longtemps, au pouvoir, et qui nous amènent vers ce futur qu'ils désirent. Est-ce que tu peux nous en parler?

LOUIS

Effectivement, il y a un certain nombre de gens qui continuent à rêver à une illusion technophile. Mais, pour moi, c'est une idéologie poussiéreuse, « so XIXe siècle ! » Parce qu'elle ne prend pas en compte le vivant, les interactions. Elle cherche à isoler chacun dans un état métastable qui ne bouge plus jamais. Et c'est une tentation illusoire qui est celle du diable. Laurent Alexandre et Jacques Attali, quand ils parlent, vous évoquent-ils quelque chose de profondément lumineux? Ne sentez-vous pas qu'il y a quelque chose de dangereux, de nauséabond, et qui pue la manipulation et l'entourloupe, derrière ce qu'ils proposent?

J'ai eu la chance de participer à un congrès sur le transhumanisme où est venu parler un philosophe suisse qui s'appelle Bernard Baertschi – un vieux monsieur avec une petite moustache, les cheveux très blancs, l'air très honorable. Il décrivait les différents mouvements, la subtilité de tel ou tel penseur, ceux qui veulent survivre après la mort ou ceux qui veulent s'augmenter… Cyborg ou singularité…, avec toutes les nuances du concept. Tout au long de son discours, la seule chose qui était perceptible, c'est qu'il le ponctuait d'une sorte de refrain qui revenait très régulièrement: la tentation. La tentation d'apprendre une langue en une nuit, ou celle de l'extase sexuelle en branchant un port USB: « Si vous pouviez faire tout ce que vous voulez juste en branchant un port USB, vous le feriez, non? » Cela m'a fait penser aux tentations de Jésus dans le désert. C'est un texte de la Bible, du Nouveau Testament. Il raconte que Jésus, avant d'aller vers son sacrifice, traverse le désert pendant quarante jours sans manger ni boire. Et, dans cette espèce de chaleur de l'ascèse, de la diète, il va rencontrer Satan. Il va être soumis à des tentations. Le diable va lui dire: « Puisque tu es le fils de Dieu, transforme les pierres en pain; tu ne risques rien, fais-le donc! » Un peu comme quand Baertschi disait: « Mais si vous pouviez le faire, vous le feriez, non ? » Mais Jésus ne répond même pas au diable ! Parce que, s'il lui répond, alors il entre dans son jeu. Le diable est un menteur. Tu ne peux pas discuter avec un menteur. Il va continuer à mentir. Il va finir par t'embrouiller. Il ne faudrait même pas commencer à l'écouter. Il est seul face à Satan, bien obligé de l'entendre, il ne s'adresse jamais à lui directement, mais seulement en citant les textes anciens.

À cette première tentation, il répond : « Il est écrit : L'homme ne vit pas que de pain. » Le diable est un peu agacé que Jésus ne tombe pas dans le panneau et lui dise que l'humain se nourrit aussi d'amour, de joie, de beauté, de relations, de partage, de tout ce qu'il rencontre, y compris des expériences de souffrance.

Le diable revient à la charge : « Il m'est donné en partage, à moi le diable, de te donner le pouvoir, l'argent, la reconnaissance, la célébrité, de pouvoir régner sur le monde, parce que c'est à moi qu'a été confié le pouvoir de donner ça (à méditer...), parce que je suis le Prince de ce monde. Tu n'as qu'une seule chose à faire : tu dois te prosterner devant moi ! » Jésus lui répond : « Il est écrit : Tu ne te prosterneras que devant le Seigneur, ton Dieu. » C'est intéressant, cette deuxième réponse.

SUPERPOUVOIRS, DANS UN MONDE EN CARTON-PÂTE

Qu'est-ce qu'on vous propose quand on vous dit : « Tu vas être tout-puissant, avoir des superpouvoirs avec ton iPhone, tu n'as qu'à croquer la pomme (regardez le symbole d'Apple). » ? Croquer la pomme, c'est tout ce que tu as à faire ! « Grâce à toi

Apple, grâce à toi Samsung, je vais avoir des superpouvoirs ! » Mais, en fait, ce n'est pas le vrai Dieu. Ce n'est pas la vraie énergie du monde. Ce n'est pas le vrai liant. Tu te prosternes devant l'antithèse de la vie. Dieu, c'est la Vie, ici. Il faut comprendre Dieu, ici, dans un sens symbolique, notamment pour les gens qui ne sont pas croyants.

Ce n'est pas cette énergie de l'artefact, ni les gens dans la Silicon Valley qui font un vrai monde. Ils font un faux monde en carton-pâte, en plastique, en béton, en pétrole, basé sur de la souffrance à l'infini, mais que tu ne vois pas, car externalisée. La tentation du diable paraît toujours très belle, toujours très lisse. Elle paraît toujours simple. Tu ne vois pas le mécanisme caché à l'intérieur. Il y a un mensonge derrière tous les Smartphones. C'est exactement ça. On te fait croire que c'est tout simple, que tu n'as qu'à le caresser et, comme la lampe d'Aladin, il réalise le moindre de tes désirs. À l'intérieur, pourtant, il y a des antennes fractales, des supraconducteurs et, surtout, cette souffrance qu'on ne veut pas que tu voies. Il y a des mensonges contenus dans l'objet.

Ce n'était pas le cas dans la technique, aux XVIIIe et XIXe siècles. Un mécanisme d'horlogerie dans une très vieille montre, quand elle était ouverte, te montrait toute la mécanique, la complexité. Chapeau bas, les gars ! Dans l'iPhone ou dans l'iPad, il t'est impossible de comprendre comment ça fonctionne. On ne te présente le fait d'avoir des superpouvoirs que dans la mesure où tu acceptes ce contrat de « super-user » de la réalité. Mais tu n'en es pas le créateur. Jamais on ne te laissera fabriquer un téléphone qui concurrence ces téléphones, parce que, dans ce cas, tu mettrais en danger la réalité chimérique et numérique qui a été créée par les transhumanistes pour t'y faire vivre.

C'est l'histoire de la matrice dans *Matrix*. Si tu sors de la matrice, tu vas trouver un paysage de cendres. C'est douloureux. Rester dans la réalité virtuelle, c'est bien plus confortable. On a plein de jeunes pour lesquels la vie numérique est plus souhaitable que la vie réelle. Parce que la vie réelle, c'est une vie de merde. Il faut faire la vaisselle, faire le ménage, aller faire les courses. On n'a pas de copains. On est moche. On n'est pas très intelligent... Alors que, dans le monde numérique, tu peux être un elfe avec une épée magique qui va pourfendre des trolls et attraper des pièces d'or. Tu peux aller sur des sites pornographiques et trouver toutes les plus belles filles du monde pour faire tout ce que tu veux, alors que, dans la vraie vie, tu ne trouves pas grand monde pour t'aimer. En plus, les gens que tu aimes, en général, ne vont peut-être pas être d'accord pour faire des choses folles. Ils vont juste partager avec toi de grandir ensemble. C'est plus dur. Ça va frotter. Alors que, dans le monde numérique, on l'a dit, ça ne frotte pas, tout est lisse, limpide, liquide. Inexistant. C'est la tentation transhumaniste.

LE REFUS DE LA MORT, ET LE PACTE AVEC LE DIABLE

La dernière tentation du diable dans le désert. En substance, voici ce que le diable dit : « Je vais te prendre. Je vais t'emmener dans les nuées et te jeter du haut du temple. Tu vas mourir. Appelle les anges, puisque tu es le fils de Dieu. Ils t'empêcheront de tomber. » Jésus répond : « Il est écrit : Tu ne mettras pas à l'épreuve le Seigneur, ton Dieu. » Cela veut dire : « Je vais mourir, c'est ainsi. »

C'est là qu'est la grande difficulté pour nos contemporains : accepter la mort. On voit à quel point la crise du Covid cristallise cette problématique. La mort est devenue inacceptable, inenvisageable. Elle avait déjà été escamotée dans nos sociétés. Vous ne mourrez plus à la maison. L'agonie n'est pas acceptable. Il va falloir des médicaments pour qu'on ne souffre pas. C'est la première question que tous les gens me posent en tant que réanimateur : « J'espère qu'il/elle n'a pas souffert ? » Et si jamais il y a un risque qu'il/elle souffre, il faudrait quand même lui donner quelque chose pour ne pas qu'il/elle ait mal. De la morphine, en plus fort et, de l'autre côté, un hypnotique en plus fort, un somnifère en plus fort pour qu'il/elle n'assiste pas à sa propre mort, qu'il/elle ne la vive pas. Je suis l'artisan, chaque jour, de ça. Faut-il ou pas mettre en route une sédation terminale ? Ce qui me fait réfléchir, c'est que ce sont les mêmes transhumanistes qui sont les principaux défenseurs de l'euthanasie active. Est-ce juste ? Est-ce vraiment cela qu'il faut vivre ? Il y a donc cette tentation du diable qui est de vous offrir la solution à vos problèmes qui paraît la plus simple. Mais c'est toujours un jeu de dupes. Et que prend le diable au passage ?

Dans presque tous les villages de France, il y a des légendes autour du pont du diable. Il y a un morceau du village qui ne peut pas rejoindre l'autre morceau du village parce qu'au milieu coule une rivière et que, chaque année, la rivière fait une crue et emporte le pont. On veut reconstruire le pont, mais il ne tient pas. Il faut le reconstruire tout le temps. Les villageois en ont marre. Ils voudraient un vrai pont, bien maçonné. Mais ils ne savent pas faire. Ils n'ont pas le temps. Pas les sous. Soudain apparaît un individu très sombre à la cape noire et au chapeau haut-de-forme. Il arrive dans un éclair de fumée et de paillettes rouges, avec des petites flammes au bout de sa queue, cachée derrière son costume. Et il dit aux villageois : « Je vais le construire, ce pont, il n'y a pas de problème, en trois jours ! » Les gens sages du village, bien avisés, demandent combien cela va coûter. On sait le prix du travail, à la campagne. Le personnage leur dit que ça ne va rien coûter. Rien du tout ? Oh, presque rien. Mais presque rien, c'est déjà juste un petit quelque chose. Bah, laissons cela. Un tout petit rien : vos âmes ! Les villageois s'interrogent : « L'âme ? Mais qu'est-ce que c'est ? » Va savoir. Allez, va pour l'âme, alors... Ils trempent la plume dans leur sang et ils signent. Le pacte avec le diable est scellé.

Qu'est-ce que l'âme, pour les systèmes numériques ?

La première chose que fait un Smartphone, c'est de vous prendre votre numéro de carte bleue, votre pognon. La deuxième chose qu'il prend, ce sont vos datas. Il aspire l'ensemble de toute votre histoire, ce que vous pensez, vos opinions politiques, vos désirs sexuels, vos goûts culinaires. Il va même vous proposer de faire les courses pour vous et enregistrer, au passage, votre panier favori pour optimiser votre expérience utilisateur... de la vie. Vous devenez les esclaves du système technique. La grande clé, c'est que le transhumanisme est un système totalitaire d'esclavage intégral. Il faut réussir à structurer une limite et à dire non ! Mieux que ça, dans l'histoire du pont du diable, les habitants du village se jouent du diable. Ils le laissent construire le pont, en disant : « On voit dans trois jours, pour l'âme. » Alors, dit le diable : « Je prendrai l'âme du premier qui passera sur le pont. » Les villageois se consultent avec l'intention de trouver une solution pour le tourner en ridicule. Ils décident de faire passer une chèvre sur le pont. C'est l'âme de l'animal qui sera prise. Comment est-ce qu'on pourrait se jouer des systèmes techniques, s'en servir sans se laisser asservir? Il y a déjà des gens qui y ont réfléchi. Framasoft. Dégooglisons Internet...

Les gens du logiciel libre passent leur temps à se payer la tête du diable et à le rendre fou! Parce que, quand le diable prend la chèvre, il est rouge de colère. Il veut revenir se venger. Mais il est entraîné dans la rivière et disparaît dans un éclair de feu. Hélas, il reviendra. Mais, entre-temps, les villageois ont gagné. Ils font une grosse fête, à la Astérix! Ce qui est en jeu, c'est réussir à renvoyer le diable et tous ses agents – peut-être ceux dont tu as parlé – dans leur caverne, dans leur grotte, au fin fond de la rivière. Il faut garder l'espoir que, comme dans les contes et légendes, on puisse écrire: «Et on ne le revit jamais!» Souvent, il revient quand même pour se venger dans une autre histoire. Le diable, c'est le séparateur. ***διά***, en grec, ce sont les directions opposées; ***βολή***, le jet, le lancer. *Diabolos* signifie «celui qui divise».

"IL FAUT RÉUSSIR À STRUCTURER UNE LIMITE ET À DIRE NON"

SPIRITUALITÉ ?

STÉPHANE

Tu es religieux, croyant ?

LOUIS

Le transhumanisme doit nous inviter à une réflexion sur ce champ-là. Un champ presque spirituel. C'est difficile, pour des gens qui sont vraiment dans la matérialité stricte, de parler de spiritualité. C'est presque un gros mot. Souvent, cela renvoie à des peurs. La spiritualité serait un truc soit de bigot – de gens qui seraient extrémistes ou fondamentalistes –, soit qui renverrait au New Age – une sorte de soupe où il y a tout et son contraire. Pour moi, le New Age, comme le matérialisme strict, est une illusion. Parce que cela voudrait dire un humain neuf, autoconstruit à chaque génération par lui-même, dans cette dynamique nietzschéenne souvent mal comprise du surhomme. Celui qui s'est affranchi – dans *Ainsi parlait Zarathoustra* – de l'esprit du chameau, de l'esprit du lion, qui n'est plus dans la soumission ni dans la révolte, mais dans l'esprit de l'enfant, créateur de sa réalité[11]. Il y a beaucoup de voies spirituelles New Age qui incitent à créer sa propre réalité. De voies commerciales. Forge ta propre réalité. Va à la salle de musculation faire ton propre corps. Fais-toi un répertoire de tutos de tes propres apprentissages. C'est toujours faire croire que nous serions des

11. Friedrich NIETZSCHE, *Ainsi parlait Zarathoustra*, Flammarion, 2006.

individus séparés. Or je crois à l'idée qu'il n'y a pas de soi séparé. C'est une phrase de Thich Nhat Hanh. Il est moine bouddhiste et maître de sagesse, et a popularisé la méditation de pleine conscience en Occident[12]. Cela fait partie du bouddhisme et de toutes les grandes religions. Dans le catholicisme, c'est l'Esprit saint qui fait qu'il n'y a pas deux choses séparées. Il y a Dieu, son fils, l'Esprit saint, et tout est relié.

Tu me demandes si je suis croyant. Je crois que nous sommes reliés. C'est difficile pour moi de te répondre, parce que chaque Église est une construction humaine, avec toutes ses faillites, ses falsifications et ses mensonges. Le PFH ! Putain de facteur humain ! Penser qu'il y a quelque chose de plus grand que lui, de plus large, et qu'il est relié au vivant procède, selon moi, d'une intuition profonde et juste de l'humain. Mon intuition personnelle est que l'on va vers une ère spirituelle, mais avec une compréhension juste de ce qu'est la matérialité, non pas comme une ressource que nous exploitons tels des prédateurs, mais bien comme faisant partie d'un grand ensemble – le vivant – dans lequel nous faisons corps également.

STÉPHANE

Tu dis que le transhumanisme détruit l'identité et est une perte de liberté. Ce que tu proposes, à l'inverse, c'est de retrouver la singularité de chacun dans une quête de maximisation de notre autonomie sur tous les plans – sanitaire, alimentaire, etc. ?

12. Thich Nhat Hanh, *Il n'y a ni mort ni peur*, Pocket, 2005.

LOUIS

Exactement. Il y a une histoire d'humanisme, là-dedans. L'humain est important. Il fait partie de la fête. Il fait partie de cette grande fête dionysiaque. Chez Dionysos, tu sais, il y a ces bacchanales avec des faunes, des nymphes ; et tout le monde boit et mange du raisin à même la grappe... Ce n'est pas du tout une vision inquiète de la réalité. Le transhumanisme procède d'une vision inquiète et peureuse. Il est dans la peur. La peur d'être transformé, la peur d'être touché. Alors que la vision spirituelle que je pourrais nourrir serait, au contraire, celle de faire partie d'un système vivant joyeux. Et danser à cette fête fait admettre qu'elle a des limites, que je ne vais pas pouvoir faire tout et n'importe quoi. Parce que je suis en permanence en interaction avec tout le reste du vivant autour de moi. Et si je bouge, alors cela fait tanguer tout le reste. Je dois être attentif et responsable. Le transhumanisme est un anti-humanisme radical. Il est contre l'humain. Il cherche à le détruire pour faire advenir un idéal pratique, un idéal d'une matérialité morte. C'est l'anti-vie radicale.

SÉCURITÉ ET LIBERTÉ

STÉPHANE

Est-ce que tu penses que le transhumanisme pourrait n'être qu'une nouvelle économie, juste un nouveau business ?

LOUIS

Je ne crois pas que cela se limite à un système économique. Pour moi, il y a un système idéologique qui le sous-tend, qui est presque une croyance religieuse, justement. À tel point que l'un des cadres de Facebook a fondé une religion de l'intelligence artificielle. En déifiant l'intelligence artificielle, en en faisant l'être enfin parfait. Il a créé une Église qui rapporte de l'argent. C'est la magie du système américain, qui rejoint toujours le système économique.

On est dans un moment où il y a une partie de l'humanité qui a peur de la vie, qui a peur du monde et qui cherche un maximum de sécurité. Et le curseur sécurité est placé au maximum pour que rien n'advienne, pour avoir une assurance pour aller faire pipi, un casque pour dire bonjour à son voisin, un masque pour discuter avec sa grand-mère...

De l'autre côté, il y a la liberté. Et la liberté, c'est l'incertitude ! C'est le fait de se confronter, d'expérimenter, sans protection, avec le risque de s'en prendre plein la figure dans cette rencontre avec la réalité. Si je voulais me prémunir contre tout, il me faudrait dire à chaque personne que je rencontre : « Non, tu n'as pas le droit d'utiliser tel mot... Cela risque de me transformer. Me parler comme ci ou comme ça risque de me faire ressentir des émotions. Je ne veux pas me mettre en danger ! »

Le fond de l'expérience humaine, c'est la rencontre. Et celle-ci consiste à toucher l'autre et à être touché par l'autre. Par son regard, par ses paroles, par ses gestes... Et c'est ce qui fait que la vie est digne d'être vécue, qu'elle est belle ! Si je veux m'en prémunir, c'est que j'accepte d'être mort avant d'avoir vécu.

Le transhumanisme est une idéologie qui nie le vivant, qui nie la vie, qui nie profondément le fait que l'humain a besoin de rencontres, a besoin de souffrance pour connaître sa limite. Il est basé sur des arguments marketing fallacieux. Il procède d'un système économique qui crée de l'asservissement et des inégalités de manière très importante. Il s'est introduit de manière interstitielle dans notre réalité par le biais des outils numériques. Il nous propose l'homme augmenté comme horizon. C'est, en fait, une chimère. Il veut nous faire croire que cet homme augmenté serait la suite logique des remèdes qu'on a pu créer à la souffrance. « Vous avez des lunettes ? Vous pourriez bien avoir un port USB, maintenant, pour vous connecter ! » Mais, en fait, c'est très différent. Les lunettes n'induisent pas de se couper du réel. Au contraire, elles me permettent de mieux le rencontrer, alors que tous les outils proposés par les transhumanistes sont des outils pour nous déraciner de la réalité. Que ce soient les voitures connectées qui se conduisent toutes seules – le sarcophage hermétique anti-mort – ou encore le téléchargement sur une clé USB ou les réseaux sociaux numériques comme Facebook ou Instagram…

Je pense qu'il y a un vrai besoin de se défaire de ces technologies interstitielles. Pour moi, il y a deux façons de faire. Soit tenter d'en faire un remède. C'est l'idée du *pharmakon*. Nous en reparlerons. Soit une vision radicale qui consiste à s'en défaire définitivement et qui procède de la voie de la décroissance. Cette voie de décroissance matérielle s'accompagne normalement d'une croissance spirituelle, relationnelle, sociale. Parce que, si les artefacts techniques ont été conçus comme des remèdes à la souffrance et qu'on les a hyperinvestis, c'est parce qu'on a désinvesti les champs sociaux et symboliques de remédiation à la souffrance.

REMÉDIATION SYMBOLIQUE, SOCIALE ET TECHNIQUE À LA SOUFFRANCE

L'humain, s'il est un être de souffrance, a trois champs pour essayer de trouver des remèdes à celle-ci.

Le premier est le champ symbolique, ou spirituel. Il consiste à raconter une histoire qui fait sens autour de sa souffrance – qu'est-ce que la mort, la maladie ? Qu'est-ce que la rencontre, qu'est-ce que la souffrance ? Quelle histoire collective fonde notre être-ensemble ? Cette histoire symbolique, dans certains groupes humains, c'est une religion ; dans certains autres, une idéologie dominante. Mais, quoi qu'il en soit, c'est ce qui donne un sens à nos souffrances. Par exemple, la mort, dans certains endroits, est le passage dans le Grand Tout. Elle mène à la réincarnation, au paradis des mille vierges, au purgatoire, ou à l'enfer. Est-ce que la maladie a un sens, dans certaines cultures ? « Tu as été malade parce que cela a permis que la récolte ne soit pas détruite. Le démon est venu sur toi, et c'était une très bonne chose parce que, ce faisant, il a laissé tranquille la récolte pour l'ensemble du groupe. Merci d'avoir été malade. » Ainsi, tu supportes peut-être beaucoup mieux ta maladie.

Le deuxième champ est le champ social. C'est celui où les frères et sœurs humains se serrent les coudes quand l'un d'entre eux est malade. Cela est très palpable, par exemple, chez les gens du voyage que je vois venir à l'hôpital. Quand il y a un malade, ce sont cinquante ou cent personnes qui arrivent dans la cour ou dans le couloir du service. Elles s'arrêtent toutes de vivre pour être présentes aux côtés du souffrant. C'est extrêmement admirable, parce qu'elles considèrent qu'il n'y a pas de chose plus importante que d'être là, ici et maintenant, pour prendre soin de celui qui ne va pas bien, même en ne faisant rien que simplement être assis et penser à lui, discuter avec les autres et resserrer les liens du groupe humain. Alors que, pour beaucoup de gens, la souffrance est l'occasion d'une dislocation du lien, d'une destruction du tissu social. Chez les gitans, au contraire, on en parle, on se réunit... Donc cela veut dire que, pour eux, le champ social est le remède à la souffrance. Parlons des obsèques. Quand on perd un proche et que le lien relationnel au monde se retrouve disloqué, déchiré, tous les autres frères et sœurs humains vont venir présenter leurs condoléances. Ils vont serrer dans leurs bras une personne qu'ils ne connaissent peut-être pas beaucoup. Et la personne ne sait pas pourquoi, mais ça lui fait du bien, juste de s'abandonner à ça, à ce groupe qui prend soin d'elle. Elle qui reste et qui va devoir faire avec, recomposer avec la déchirure de la mort d'un être aimé.

Enfin, le troisième est le champ technique de remédiation à la souffrance, à la médecine, à la technologie, à l'argent, à toute la technique en général. Notre société, déjà très influencée par le transhumanisme, a hyperinflaté le champ de remédiation technique à la souffrance, et a complètement désinvesti les champs symboliques et sociaux. Depuis au moins le siècle des Lumières, nous avons cette croyance obsessionnelle maladive et quasi religieuse que la technique va nous sauver. Une des pistes pour en sortir et guérir de ce mal est de réinvestir les champs sociaux et symboliques. Et ça arrive déjà !

CHAPITRE 3

DÉFERLEMENT TOTALITAIRE ET LIBERTÉS

LA PRINCIPALE CARACTÉRISTIQUE DE L'HOMME DE MASSE N'EST PAS LA BRUTALITÉ OU LE RETARD MENTAL, MAIS L'ISOLEMENT ET LE MANQUE DE RAPPORTS SOCIAUX NORMAUX. LES MOUVEMENTS TOTALITAIRES SONT DES ORGANISATIONS MASSIVES D'INDIVIDUS ATOMISÉS ET ISOLÉS.

Hannah Arendt, *Les Origines du totalitarisme*

STÉPHANE

En lisant *La Fabrication du consentement*[1], de Noam Chomsky[2] et Edward Herman, il semble que nous sommes victimes d'un véritable déferlement totalitaire et de la perte de nos libertés. Peux-tu nous exprimer tes ressentis sur ce sujet?

JUSQU'ICI, TOUT VA BIEN !

LOUIS

Un certain nombre de gens sont éveillés au fait que nous sommes effectivement dans un déferlement totalitaire. Mais c'est extrêmement difficile de l'annoncer à nos contemporains. D'abord, parce qu'il y a une sorte d'aveuglement volontaire, de déni. D'incapacité à prendre du recul sur le processus dans lequel nous sommes pris. D'autant que le processus totalitaire prend, historiquement, toujours de court. C'est un processus disruptif qui vient continuer ce qui avait cours jusqu'ici, mais qui franchit un effet de seuil. Il est vécu comme une évolution fatale et logique du système qui existait jusque-là. Ce qui rend d'autant plus difficile l'acceptation qu'il correspondrait à une perturbation du système.

---

1. Noam Chomsky, Edward Herman, *La Fabrication du consentement : de la propagande médiatique en démocratie*, Agone, 2008.
2. Noam Chomsky : célèbre linguiste et intellectuel américain, spécialiste incontestable du langage et de toutes formes de propagandes

Je fais le parallèle avec la maladie, en médecine. À l'annonce d'une maladie grave, on sait que la réaction du patient passe par différentes phases : le déni, la colère, puis le marchandage, la discussion, des tentatives de négociation, et enfin la phase d'acceptation de cette nouvelle réalité – la maladie. À partir de ce moment, il faut mettre en route une logique de « salutogenèse », c'est-à-dire de capacité à aller vers la santé. Ces étapes sont d'autant moins longues et marquées que l'annonce diagnostique a été faite en ayant créé un lien avec le patient, une sorte d'alliance thérapeutique qui permet de l'emmener vers ailleurs. Si un médecin, inconnu du patient, balance un énorme diagnostic de cancer, le patient ne va jamais revenir et va continuer comme ça, jusqu'à ce que ce soit tellement gros qu'il ne puisse plus faire semblant. Dans nos études, on nous enseigne cette règle de l'annonce : « Pas tout, pas tout de suite ». Et surtout de s'adapter au patient en face de soi.

On en revient souvent à l'allégorie de la caverne de Platon que tout le monde a lu pour le baccalauréat. Platon, dans le livre VII de *La République*, nous explique que les humains sont des esclaves enchaînés au fond d'une caverne qui regardent le mur du fond où des ombres, des simulacres, de pâles reflets de la réalité, des figures grimaçantes s'agitent. Il y a les sophistes. Ils agitent des formes devant un feu. Ils maintiennent les esclaves, l'attention rivée sur le mur du fond de la caverne. Et puis il y a le philosophe qui essaie de se libérer. Il propose de sortir de la caverne, d'aller vers la lumière. Personne n'ose le suivre, par peur. La réalité, pour ces gens enchaînés, ce sont les ombres. Secouer le joug dans lequel ils sont impliquerait de devenir responsable.

Si beaucoup de gens ne veulent pas voir que nous sommes dans un déferlement totalitaire, c'est parce que ça voudrait dire qu'il faut réagir, qu'il faut se positionner pratiquement. C'est extrêmement exigeant de regarder en face le diagnostic de réalité, c'est-à-dire la maladie dont on est atteint. Cela nécessite de transformer sa vie de manière très profonde. La résistance d'un patient à l'annonce d'un diagnostic vient en partie de cela. Jusqu'ici tout va bien. Vous vous souvenez peut-être de cette petite phrase qui revenait dans la bande-annonce du film *La Haine* : « Jusqu'ici tout va bien, jusqu'ici tout va bien, mais l'important, ce n'est pas la chute, c'est l'atterrissage » ? On est vraiment dans cette logique d'une chute. La catabase, c'est la descente aux enfers. Une descente aux enfers individuelle et collective, dont la crise qui nous occupe aujourd'hui n'est que la résolution finale. C'est ce qu'il faut bien comprendre. Cette crise ne vient pas de nulle part. Je l'ai déjà dit, la crise est un monstre qui est replié. La vérité est dans le pli, quelque part. Il faut déplier le monstre pour réussir à percevoir, un moment ou un autre, un peu de vérité.

DÉPLIER LE MONSTRE

Je vais tenter de le déplier très succinctement et caricaturalement.

Le Covid est une crise sanitaire, médicale et scientifique. C'est ce qui paraît, au premier abord, le plus marquant. Mais, au fond, c'est une crise sociale. Des gens vont tous les jours à la soupe populaire pour avoir de quoi manger. Il y a un appauvrissement majeur de la population, et une tension sur les extrêmes en termes d'enrichissement. Cette crise a vu l'émergence de nouveaux milliardaires en France et partout dans le monde. Mais on parle assez peu des centaines de milliers, voire des millions, de personnes qui ont basculé sous les seuils de pauvreté.

C'est une crise sociétale. Les structures de nos sociétés sont bouleversées. La capacité à faire du lien, à être en nous, à former un Nous disparaît. Il y a un repli communautariste. Chaque communauté est persuadée de détenir la vérité. Chacune va chercher à l'imposer aux autres. Il n'y a plus un point de regroupement commun dans lequel on pourrait se retrouver.

C'est une crise environnementale, ce n'est pas nouveau, on est en train de détruire la planète à vitesse accélérée. Cette destruction est non seulement une destruction, mais aussi un désaccordage de notre capacité à être en lien avec le vivant autour de nous et à l'intérieur de nous. Elle constitue un refus de l'incertitude, un refus de la coopération avec les choses vivantes. C'est le bout d'une logique de prédation industrielle extractive sur les ressources. Les gens de la Silicon Valley parient sur le fait que nous partirons vers d'autres planètes, plutôt que d'envisager de prendre soin de celle sur laquelle nous nous trouvons, notre maison.

C'est une crise monétaire. À quoi sert la monnaie, à quoi sert l'argent, à quoi sert la finance ? À quoi sert le *trading* à la nanoseconde ? C'est une aporie, où il ne sert absolument plus à rien d'améliorer les relations entre humains. Il ne sert plus à rien d'échanger de manière féconde des savoirs et des biens utiles produits par des artisans. Il faut majorer, encore et toujours, le profit. C'est un bout du chemin. Le seuil est franchi.

*Idéogramme chinois du mot « crise »

C'est une crise de l'école et de l'enseignement. L'école en est rendue à faire du mal aux enfants. On fera le bilan, bien sûr, mais obliger les enfants à porter des masques, à les faire vivre dans la peur et la culpabilité est une très grande violence faite à l'enfance, à l'ingénuité et à l'innocence. Ce serait leur faute si leur grand-mère décédait, leur faute si leur institutrice était malade ! Je ne parle que d'une vision culturelle de la problématique. Mais la réalité est que les apprentissages ont été complètement déstabilisés et perdus. La maîtrise de la lecture a reculé de façon considérable. Les enseignants sont masqués. Comment faire passer l'idée d'un phonème, d'un graphème et l'association entre les deux, la possibilité des syllabes, sans pouvoir montrer son visage?

C'est une crise politique et démocratique. La représentation démocratique, aujourd'hui, n'a plus de «démocratique» que le nom, et absolument plus la chose.

C'est une crise du langage, avec une perversion des mots, une inversion de leur sens.

À quel point cette crise est systémique et à quel point le monstre est-il multifacette? Le monstre n'est jamais que l'outrance du système dans lequel on vivait déjà. Certains connaissent peut-être les dessins animés de Miyazaki – un dessinateur et un réalisateur japonais. Il montre souvent une sorte d'être perverti qui devient un monstre gigantesque. Il ne cesse de grossir, de manger tout le monde autour de lui. Et, finalement, il explose sans plus avoir de tête. Il est devenu complètement fou, et se répand partout. Que ce soit dans *Princesse Mononoké* ou dans *Le Voyage de Chihiro*, il y a souvent ce personnage monstrueux en croissance infinie.

Je crois que le monde dans lequel nous vivons est ce monstre-là. Celui que nous avons créé. Et comme le Golem, de Rabbi Loew ben Bezalel[3], il dépasse le maître.

---

3. L'histoire du Golem raconte un objet conçu de glaise, et animé par son créateur. Le démiurge le voudrait un esclave. Mais la créature finit par manger son créateur.

ÉPOQUE SANS ÉPOQUE

J'ai parlé, dans certaines interviews, de ce moment où il y a un désaccordage du système technique et du système socioculturel. Heidegger l'appelle « une époque sans époque ». Autrement dit, une époque est un moment où un système technique et un système socioculturel trouvent leur point d'accordage, leur capacité à être au service l'un de l'autre de manière intelligente. Puis il y a un moment de désaccordage, tout à coup, une perte de la mise en résonance. Le système technique va aller toujours plus vite que ce que le système socioculturel peut encaisser et métaboliser.

Ça traduit une « époque sans époque ». C'est un moment de permanente fuite en avant, où le système socioculturel ne peut jamais trouver son point de repère pour essayer de faire le meilleur bien commun à partir du système technique. Cela correspond à un moment où ce sont les tenants du système technique qui règnent sur le monde : les banquiers, les marchands et les ingénieurs. Leur objectif est de faire toujours plus de profit pour les marchands et pour les ingénieurs, d'optimiser les process systématiquement, jusqu'à leur automatisation intégrale.

C'est le monde d'une autonomisation complète du système technique qui ne subit plus les rétroactions et les freins moraux et éthiques d'un système socioculturel à la recherche de ce qui est bien ou mal, la recherche de l'agir juste ou injuste, du sens. Les freins sont normalement de nature symbolique. Quelle histoire racontons-nous collectivement autour de ce système technique ainsi qu'autour de la notion de « pérennité du vivant » ? La plupart des gens dansent sur le pont du *Titanic*. Ils sont dans le feu de joie énergétique final de l'humanité, sans préoccupation pour le futur. Ils abandonnent leurs enfants aux bons soins de l'État à un âge très précoce, tout en sachant que l'État ne prendra pas soin d'eux, qu'il leur fera du mal, en fera des rouages dans un système scolaire, un système éducatif, extrêmement perverti. Les vendeurs de culture que sont Netflix, Disney ou autres fourniront des contenus simplistes qui disrupteront les vieux savoirs et la sédimentation des contenus culturels historiques qui définissaient une filiation générationnelle. C'est une formule un peu compliquée pour dire qu'il y a une perte de la possibilité de filiation culturelle, c'est-à-dire de la transmission. De nombreux auteurs ont écrit sur cette problématique. La transmission a été préemptée par des structures dont le but est le profit et la prise de pouvoir.

S'ASSEOIR DANS LE DÉSASTRE

J'ai dit que nous vivons un déferlement totalitaire. Et l'ensemble des philosophes, des historiens, des sociologues du collectif sont unanimes à ce sujet. Tous les stigmates y sont. Je vous ai dit que le diagnostic est extrêmement difficile à accepter pour la plupart des gens. Cependant, nous avons été rejoints par de très nombreux juifs ashkénazes qui m'ont tous dit peu ou prou : « Tu sais, on m'a déjà raconté cette histoire dans ma famille, je ne veux pas que ça recommence. »

Si on accepte de contempler pour de bon avec un interlocuteur une des facettes du monstre – la problématique sanitaire, par exemple, ou la politique, ou la crise scientifique –, la discussion va s'interrompre comme ça : « D'accord, on a un problème, les gens n'ont pas été traités comme il faut ; mais ça voudrait dire que nos gouvernants ne veulent pas notre bien ? » Là, il y a comme un plafond de verre, une incapacité à aller au-delà. Une incapacité à projeter l'idée du mal, une idée de malveillance. Cette incapacité à projeter est un système d'autodéfense. Si jamais on acceptait l'idée que nos gouvernants nous font du mal, nous veulent du mal, qu'ils sont les agents de puissances d'argent, cela voudrait dire qu'il faudrait réagir. Il faudrait chasser ces gens-là à coups de fourches et de piques. Il faudrait se mettre en lien les uns avec les autres pour refaire société. Ça voudrait dire qu'il serait impératif de se retourner vers son intériorité et ses choix personnels, pour faire le choix définitif de résister. Dans le totalitarisme, la résistance, c'est, à un moment ou un autre, de se retourner vers soi-même, contempler le désastre, voir qu'on ne peut plus vivre comme on vivait jusqu'ici et crier à l'aide. Il faut crier à l'aide et se mettre en lien, essayer de se retrouver entre frères et sœurs humains pour se serrer les coudes.

À partir du réel qui se fragmente, qui se déchire, à partir des morceaux de la réalité qui partent en lambeaux, il faut essayer d'en rattraper quelques-uns, les plus beaux, ceux qui sont encore cohérents ; les attraper pour former comme une bulle de cohérence qui nous protège de cet effondrement. La réalité est que nous sommes dans un effondrement systémique, comme les *collapsologues* l'ont déjà montré. Pablo Servigne en est une figure emblématique en France[4].

---

4. Pablo SERVIGNE, Raphaël STEVENS, *Comment tout peut s'effondrer*, Seuil, 2015.

De nombreux auteurs ont écrit sur le sujet, depuis Jared Diamond[5]. Il est temps de bâtir autre chose. Il est temps de rebâtir une cohérence à partir de ce qui reste. Parce que le récit ne doit pas s'arrêter. Dans toutes les cosmogonies, il y a des moments de destruction du monde, et des moments de recréation du monde. C'est-à-dire des moments d'apocalypse, de déluge, de destruction, de Ninive, de Babylone, de Sodome et Gomorrhe… Et puis des moments de reconstruction, en parallèle. C'est ce qui tient un corps social que d'avoir, d'un côté, un récit qui raconte une histoire positive à laquelle on peut souscrire ensemble.

C'est ce qu'on appelle une « protention collective positive ». C'est ce vers quoi nous aspirons à aller ensemble. Les protentions collectives, ça peut être, par exemple, le catholicisme, le christianisme, la République. Ça peut être le marxisme, etc. Quelque chose qui nous montre un ailleurs désirable. Aujourd'hui, il n'y a plus de protention collective positive. L'idéal du progrès a déchu. Il a été remplacé par celui de l'innovation disruptive. L'idéal d'un monde où l'humain serait en bonne intelligence avec la nature a fait long feu. L'humain n'est pas du tout en bonne intelligence avec la nature. Il est en prédation et en destruction sur la nature.

Les transhumanistes nous donnent en pâture un récit, un imaginaire – parce que beaucoup de nos contemporains ne sont plus capables, culturellement, d'aller créer un imaginaire par eux-mêmes –, néolibéral, technosanitaire, transhumaniste, mondialisé. Nous en avons parlé dans les chapitres précédents.

---

5. Jared Diamond, *Effondrement*, Gallimard, 2009.

L'humain serait tellement fragile qu'il serait incapable de vivre. Il lui faudrait des béquilles numériques et techniques en permanence pour pouvoir survivre. Il lui faudrait une vaccination tous les trois mois, comme du bétail. Tout est cohérent. L'humanité est devenue un cheptel. Mais, s'il y a un cheptel, ça veut dire qu'il y a un exploitant, quelqu'un qui fait de l'agriculture industrielle à partir du bétail. Qui est-ce ? Encore une fois, nommer le totalitarisme, c'est comprendre ses raisons structurelles et systémiques, mais c'est aussi admettre l'idée qu'il y a des agents de l'extraordinaire banalité du mal. Hou, le vilain complotiste !... On a désigné leurs chefs de file comme « diaboliques », au sens étymologique, dans les chapitres précédents. Mais qui vient tenter de tirer son épingle du jeu, dans cette transformation ? Qui l'accompagne ou l'amplifie ?

L'Œuvre de Dieu et la part du diable. Aucune surprise. Il s'agit toujours des mêmes. Ainsi, nous sommes du bétail dans la main des multimilliardaires qui possèdent les multinationales et le système bancaire ! Rien de nouveau, en somme. Pour être du bétail, il faut faire disparaître l'humanité en chacun, qu'il n'y ait pas de relation possible. Il faut que nous nous ressemblions tous. Il faut qu'il y ait une optimisation du profit de la ressource, induite par l'exploitation de ce bétail. Nous en sommes à ce point où le néolibéralisme transgressif a nié toute règle morale. L'idée de la transgression est devenue la règle. Tout est possible. C'est la loi de la jungle. Peu importe, tant que vous avez l'argent pour l'imposer aux autres. Nous sommes revenus à la loi du plus fort. Le plus fort va réussir à imposer aux autres son idéologie et sa façon de vivre. Ceux qui sont les plus forts sont ceux qui rêvent de cet univers, de ce monde où tout serait stabilisé. Si jamais nous sommes dans un monde labile où l'environnement est détruit, où chaque pan de la réalité s'effondre par morceaux, où les tissus relationnels des sociétés s'effondrent, que reste-t-il ?

Quand il n'y a plus de protention collective positive, il ne reste que la protention collective négative. C'est-à-dire l'idée que ce qui nous permettrait de rester ensemble serait le récit commun de la contrainte. Il faudrait se donner des limites, des blocages, des confinements, des masques, pour pouvoir rester ensemble. Les gens dans la rue vont considérer le masque comme parfaitement inutile, mais vont dire : « C'est mon geste citoyen, ça nous permet de rester ensemble. » Vous avez la même chose sur l'idée de la vaccination anti-Covid. Ça ne revêt peut-être aucun sens en termes de bénéfice individuel. Il y aurait même un grand risque, pour certains. Très peu de démonstrations existent quant à la diminution de la transmission de l'épidémie. Pourtant, le discours va rester le même : « un geste citoyen ». On le fait pour les autres, pour rester ensemble. Il faut bien comprendre que la plupart des gens le pensent, le vivent. Ils sont persuadés que masques, confinements et vaccination nous tiendraient ensemble face aux bourrasques.

Actuellement, plus rien ne nous tient ensemble. Et donc, il « doit » y avoir un raidissement totalitaire de la part d'un pouvoir auquel ce monde et cette société échappent. Et c'est extrêmement « positif », extrêmement « joyeux », et le moment totalitaire – que certains ont également appelé le « moment paranoïaque » – est un moment de *résolution*. Nous ne pouvons plus vivre comme nous vivions. Nous ne pouvons pas continuer à garder le monde tel qu'il est. Il faut changer. Il y a là un impératif, une injonction. Le totalitarisme, c'est la fin du morceau, le point d'orgue, le moment où tous les flonflons de l'orchestre se mettent ensemble pour souligner toutes les contradictions et toutes les folies de notre façon de vivre. Elles sont devenues insupportables. La problématique majeure, que certains ont comprise bien avant les autres, est qu'il était déjà insupportable avant le Covid de vivre de cette façon. D'autres doivent encore l'apprendre à leurs dépens. C'est aussi en partie un message d'espoir. Mais le transmettre est probablement peine perdue. Chacun comprend à son tour, à son rythme. On ne peut pas diagnostiquer une maladie à la place de quelqu'un… On ne peut l'aider qu'à essayer de regarder en face qu'il est malade.

Pour tous ceux qui ont leur esprit critique éveillé, qui ont pris du recul sur la crise actuelle qui nous intéresse, et qui pensent qu'autour d'eux les gens sont endormis : soyez patients. Soyons empathiques. Un malade n'a pas besoin de coups de pied au cul pour aller chez le toubib. Il a besoin d'écoute. Et puis de décider, de lui-même, s'il veut regarder en face sa maladie, et ensuite s'il veut la soigner. Effectivement, de très nombreuses personnes sont endormies par une sorte de réflexe inadapté de survie. Elles continuent à faire semblant. Elles restent dans une imposture, un déni. Parce qu'elles n'ont pas, ou ne pensent pas avoir les ressources pour pouvoir faire face à cet extraordinaire défi qui est de changer le monde. Alors pourquoi perdre du temps, pourquoi se battre, pourquoi vouloir absolument faire voir à l'autre qu'il est en train de vivre la fin d'une époque ? Je crois que l'énergie doit être consacrée à essayer de franchir le seuil.

PANOPTIQUE

J'ai présenté le totalitarisme comme une donnée. Alain Damasio a très bien décrit le totalitarisme techno-industriel dans *La Zone du Dehors*[6] et dans *Les Furtifs*[7]. Dans ces ouvrages, l'accès à certaines zones de la ville est régulé par l'abonnement que vous avez souscrit. Les privilèges sont liés à votre situation sociale et financière, qui vous permet d'accéder à telle ou telle partie du monde. C'est une dystopie totalitaire où tout le monde est connecté en permanence à un grand réseau. Il existe, dans le récit, des grandes tours transparentes où chacun peut observer l'autre dans une logique que j'ai déjà décrite ailleurs, celle du panopticon. C'est une invention décrite par Jeremy Bentham où vous seriez dans un espace où tout serait visible de tout le monde et tout le temps, avec des murs en verre. Et cet espace de transparence absolu, pour Bentham, serait la meilleure des prisons.

Le pass sanitaire, le dossier numérique universel, le test positif ou négatif public, la vaccination ou non ; c'est la fin du secret. C'est la fin de la privauté. Vous êtes au milieu de la zone d'élevage, avec les autres bestiaux. Vous ne pouvez rien leur cacher. Vous n'avez pas d'espace à vous. Le parallèle avec le cheptel de bétail doit résonner en vous. Sommes-nous alignés comme pour aller à l'abattoir, dans des espaces contraints comme des animaux, des bestiaux auxquels on fournirait le grain ? Vous n'iriez même plus le chercher, ce sont des esclaves

6. Alain Damasio, *La Zone du Dehors*, *op. cit.*
7. —, *Les Furtifs*, La Volte, 2019.

Uber Eats qui vous livreraient. Le contenu nutritionnel, la teneur en fibres et en nutriments seraient absolument calibrés.

Dans le totalitarisme, tous les pans de votre vie sont pris en charge, pris en main par un pouvoir, exactement comme pour le bétail. L'heure du coucher, l'heure du lever, ce qu'il mange et à quelle heure, comment il est lavé, entretenu, qu'est-ce qu'on lui injecte comme antibiotiques, comme vaccins ? Et, dans ce totalitarisme, l'individu est soumis à une culture du viol permanente. L'obligation vaccinale déguisée, sous-tendue par le pass sanitaire, est un outil du chantage. Qui est mis en place pour pouvoir retrouver son emploi, pouvoir faire partie de la société, sa liberté. Il procède d'une culture du viol. Vous devez vous soumettre à ce droit de cuissage, si vous voulez faire partie de cette société. Les gens doivent bien voir qu'il n'y aura pas de retour à la vie normale. La vie normale d'avant, que nous connaissions, où on avait l'impression d'une certaine liberté, d'une certaine stabilité, est terminée. La crise actuelle se charge de vous mettre définitivement en cage. Mais le totalitarisme était déjà là. Ce n'est que l'aboutissement de quelque chose qui était déjà en marche. Il y avait déjà une intention totalitaire par les systèmes numériques.

TOTALITARISME NUMÉRIQUE

Les ingénieurs et les marchands chargés de la numérisation du monde avaient déjà mis en place, progressivement, une duplication numérique du monde. Votre téléphone portable intelligent, dans votre poche, passe déjà son temps à vous écouter, à enregistrer des variables et à remplir des tableaux

Excel dans lesquels il vient dupliquer le monde. L'art du bibliothécaire – c'est-à-dire la capacité d'indexation et de recherche de l'information dans ces énormes bases de données – est détenu par quelques multinationales de la data. Elles s'appellent le « Big Data ». Il monétise à la plus haute valeur ajoutée possible les informations qu'il détient. Parce que, une fois que vous avez dupliqué le monde, enfin vous pouvez dire à chacun : « Regarde, je peux te montrer mieux que toi ce qu'est le monde ! » La télévision, la radio, Internet vous montrent mieux que ce que vous en percevez ce qu'est le monde. Vous faites davantage confiance à une information sur Wikipédia ou sur Internet qu'à vous-même.

Le monde est désormais vu à travers un prisme entièrement déformé par la duplication numérique. Une fois que les tenants des systèmes numériques savent mieux que vous ce qu'est l'homme, ils vous le disent. Le premier pouvoir, on l'a vu, était celui de l'alètheia – la capacité à révéler le monde que vous n'arriviez pas à voir. Vous étiez trop petit. Vous ne le voyiez pas suffisamment. Nous avions pris l'exemple d'un GPS type Waze. Revenons-y un instant. Où est-ce que je dois passer pour aller le plus vite possible ? Je n'en sais rien, mais Waze le sait. Il a une duplication numérique du monde beaucoup plus exhaustive que ma capacité à voir les signes. Mais, si Waze, donc, me dit, ainsi qu'à tout le monde, par où passer, Waze crée de l'embouteillage. Il a un pouvoir prescriptif. Le monde se trouve alors être exactement tel que Waze a décidé qu'il serait. Cette puissance narrative, interprétative et prescriptive constitue un totalitarisme numérique. On met dans les mains de très peu de personnes, et de systèmes algorithmiques, une puissance beaucoup trop importante. Et il n'y a pas de contre-pouvoir !

En France, les lois sont votées à 3 heures du matin par quelques députés présents. Il ne se trouve plus personne pour s'y opposer. C'est une ignominie démocratique, une ignominie sanitaire ; pourtant, le législateur y souscrit. Les législateurs servent d'autres intérêts que ceux des citoyens. Les juges ne prennent aucune décision qui aille à l'encontre du pouvoir exécutif. Le pouvoir journalistique et médiatique ne donne plus qu'un unique son de cloche, univoque et simpliste. C'est désormais une véritable propagande. Elle nourrira les musées et le devoir de mémoire, quand ce moment terrible que nous vivons sera passé. Les journalistes ne sont plus des journalistes, mais des propagandistes chargés de définir quelle est la vérité officielle, et qui est l'ennemi. C'est l'une des caractéristiques d'un système totalitaire que de désigner les ennemis. Ce qui rejoint l'idée de la protention collective négative. S'il n'y a rien pour nous tenir ensemble, alors la seule chose qui pourrait rassembler encore un peu serait de désigner les ennemis. Les ennemis vont être, justement, ceux qui discutent la narration officielle ! On va se charger de les mettre dans des cases simplistes, évitant toute nuance. Vous serez catalogué « islamo-gauchiste », « conspirationniste », « complotiste », « rassuriste », « antivax », « anti-masque », « anti-restrictions », « anti-politique sanitaire ». Vous serez assimilé dans un amalgame gigantesque, qualifié d'être « proche de l'extrême droite ». Vous serez étiquetté comme « l'Ennemi ». Mais est-ce que cela rassemble réellement ? C'est comme dans la cour de récréation, quand des brutes tapent sur un petit en ayant l'impression d'être copains. En fait, ils ne sont pas amis. Ils sont juste en train de taper un petit. Les *fact-checkers*, les zététiciens, les *(No)FakeMed*, tous ces jeunes gens dont nous parlons, sont formés à l'école unique dénoncée par Michéa sous le terme de « fabrique du crétin militant[8] ». Ces crétins militants sont médiocres techniquement en termes de capacité de recul. Ils n'ont aucun élément culturel d'humanité classique, aucun référentiel autre que le dogme transhumaniste scientiste. C'est une jeunesse embrigadée, chargée de dénoncer ses parents. Parce que ces derniers ne pensent pas comme ils devraient penser ! Sur Twitter ou sur les réseaux sociaux, ces jeunes gens

---

8. Claude Michéa, *L'Enseignement de l'ignorance et ses conditions modernes*, Climats, 2006.

extrêmement brutaux attaquent en hordes, insultent les contradicteurs. Ils n'ont aucun respect pour la pluralité d'opinions, ou la pluralité de visions du monde.

SURVIVRE – RÉSOUDRE

Haut les cœurs ! Le totalitarisme n'est pas tenable. Il ne dure qu'un temps. Il ne tient pas dans la durée parce qu'il n'est pas désirable. Or l'un des grands moteurs de la psyché humaine et de notre capacité à survivre, c'est le désir ! Le concept de « violence mimétique », chez René Girard, peut nous donner quelques clés[9]. Face à un déferlement totalitaire, un déferlement de violence se produit. C'est extrêmement brutal. Le totalitarisme cherche à tout tenir par la contrainte, la propagande et la force. En face, il y aura une réaction tout aussi violente, une fois la prise de conscience enclenchée. Cette violence mimétique « va permettre la résolution ». Mon espoir est qu'il existe une autre voie. Celle de la reconstruction de la protention collective positive. La sortie de crise doit être l'histoire d'une réconciliation.

Alors comment survivre dans ce totalitarisme où une seule façon de vivre est juste, où il n'existe qu'une seule façon de voir les choses, déracinée, qui n'est plus en rapport avec le passé, plus en rapport avec la réalité ? Aujourd'hui, le « complotisme », en essayant d'aller au bout de la complexité, possède une séduction. Il tente de donner une rationalité et un sens à ce que nous vivons. Beaucoup de gens explorent ces voies-là. Ils essaient de comprendre. Comprendre d'où vient le virus,

---

9. René GIRARD, *La Violence et le Sacré*, Fayard, 2011.

par exemple. Ils essaient de comprendre en quoi des multinationales en ont profité pour faire de l'argent. Ils essaient de comprendre pourquoi on a mal soigné les malades. Ceux qui sont désignés comme ennemis sont, en fait, ceux qui essaient de comprendre, qui essaient de donner un sens, et ceux qui tentent de créer une protention collective positive, au passage. C'est tout l'enjeu de Reinfocovid que d'essayer, à travers l'art, à travers des témoignages, à travers des réflexions sur la monnaie, des réflexions sur la santé intégrale, à travers des réflexions sur la permaculture, de proposer une autre façon d'être au monde, et avec le vivant. On n'invente pas la roue, ni l'eau tiède. Ces propositions étaient déjà là. Simplement, on essaie de les archipelliser. C'est-à-dire que, plutôt qu'elles ne soient que des tentatives d'autonomie locale par un tout petit groupe humain quelque part, voué à être écrasé au talon par le totalitarisme en marche, on cherche à les mettre en lien. Je crois que le gros travail que nous avons à faire pour résister au totalitarisme, c'est la mise en lien. En commençant par accepter qu'on ne va pas être d'accord sur tout et qu'il y a besoin de biodiversité. Parce que, sans biodiversité, le système meurt !

L'EXTRAORDINAIRE BANALITÉ DU MAL

Je veux, ici, raconter une histoire parce que, pour beaucoup, il y a une incompréhension à voir que des gens sont hypnotisés, endormis, voire surjouent le totalitarisme. Il y a une incompréhension sur la mise en route du mécanisme. Les gens sont sidérés par ce qui est en train de se passer. Historiquement, pour les Khmers rouges, pour le nazisme, pour le stalinisme, pour tous les moments de déferlement totalitaire s'est posée cette question : comment ont-ils pu laisser faire ? Tout était évident. C'était cousu de fil blanc. Toute la stratégie d'Hitler pour arriver au pouvoir, l'imposition progressive d'un ordre sanitariste, la séparation des « impurs » d'une race élue, tout ce délire, les gens l'ont vu venir. C'était dans les journaux. C'était dans la propagande. Et pourtant, ils n'ont rien fait. Le totalitarisme avance masqué, il fait semblant.

Pour beaucoup d'entre nous qui sommes allés au Cambodge, il y a une incompréhension sur le mécanisme de survenue des Khmers rouges. Pourquoi les Khmers rouges sont-ils apparus et ont-ils tué la moitié de la population en trois ans ? Pourquoi, au Rwanda, la Radio des Mille Collines, égrainant sa propagande, a-t-elle abouti au massacre d'une partie de la population à la machette, sous un prétexte ethnique qui a été amplifié ? Cela reste incompréhensible. Une sorte d'énigme qui revient au cœur de tous les livres d'Histoire sur les moments paranoïaques et totalitaires de l'humanité. Comment l'humain peut-il basculer dans cette barbarie et ne plus considérer l'autre comme son frère ou sa sœur humains ?

C'est qu'il y a une condition à ce que l'autre soit un humain. La condition, c'est la rencontre des visages, pour Emmanuel Levinas[10]. Levinas a écrit un livre qui s'appelle *Éthique et Infini*, entre autres, et qui parle du visage de l'autre. Voir le visage de l'autre est une condition pour se mettre en lien. C'est une condition de reconnaissance de l'humanité de l'autre. Cette philosophie d'Emmanuel Levinas est radicalement humaniste. Elle a fondé ce qu'on appelle « l'éthique du *care* », l'éthique du « prendre soin de l'autre ». C'est une éthique très touchante. On y retrouve vraiment les accents profonds de ce qui nous met en lien les uns avec les autres.

Dans le totalitarisme, il y a une négation de l'autre, du visage de l'autre. L'autre ne doit pas exister. Il doit être absolument comme moi, ou disparaître. Pour bien comprendre cette idée, il s'agit d'une tentation d'uniformité. Elle est corrélée à une tentation de destruction de la biodiversité. Celle-ci serait dangereuse.

---

10. Emmanuel Levinas, *Éthique et Infini, op. cit.*

Elle serait « sale ». Le groupe humain ne doit pas être trop disparate. Sinon, il est incontrôlé. En ce sens, la mise en place du masque partout et tout le temps, pour tous, y compris pour les enfants, a correspondu au fait de nier l'innocence, de nier l'enfance, de nier la vieillesse, de nier la biodiversité, de nier l'altérité. Cette mesure a transformé progressivement l'autre en une chose – ce que l'on appelle le mécanisme de « réification » –, libérant ainsi la bestialité et la puissance violente de destruction les uns des autres. À telle enseigne que, dans la queue des magasins, ou dans les bus, des humains se sont écharpés pour des histoires de distance ou de masque, sans pouvoir plus reconnaître chez l'autre le fait qu'il était un humain aussi.

Dans le livre qui s'appelle *Eichmann à Jérusalem*[11], Hannah Arendt raconte le procès d'Adolf Eichmann. C'est un dignitaire nazi chargé de la logistique des trains. Ceux qui vont vers les camps de la mort. Comme beaucoup de nazis à la fin de la guerre, il fuit en Amérique du Sud en espérant y couler des jours heureux, tranquillement. Mais il est rattrapé par Tsahal – l'armée israélienne – dans les années soixante, pour faire un procès retentissant à Jérusalem. Pour Israël, c'est l'occasion de faire le procès du nazisme, de montrer que le nazisme, c'est le mal. Et que les agents du nazisme sont des démons. Sauf qu'au fur et à mesure des entretiens – qui sont regardés par les journalistes, et filmés –, les juges se rendent compte qu'Eichmann n'est pas vraiment méchant. C'est juste un abruti, un gars qui voulait juste que « les trains arrivent à l'heure ». Il voulait juste faire ce qu'on lui demande, sans regarder, sans questionner où vont les trains ! Hannah Arendt a cette phrase qui sera comme

11. Hannah Arendt, *Eichmann à Jérusalem*, Gallimard, 1997.

une déflagration dans l'histoire de la philosophie morale : elle parle de « l'extraordinaire banalité du mal ».

Pendant cette crise du Covid, énormément de gens ont été et sont encore dans une « extraordinaire banalité du mal ». Ils veulent juste que les trains arrivent à l'heure. Sans jamais regarder où vont les trains. L'un des enjeux est de regarder en face où vont les trains, puis de tout faire pour les faire dérailler, pour essayer que ça s'arrête. Parce que, sans résistance, le totalitarisme peut rester très longtemps figé.

Ce chapitre, je le voudrais comme un appel à la résistance. Un appel à ce que les gens éveillés s'autonomisent, se prennent en main, se reprennent en souveraineté, se mettent en lien les uns avec les autres, reconstruisent une protention collective positive et fassent « dérailler » les trains.

Dans le totalitarisme, il y a non seulement cette « extraordinaire banalité du mal », mais aussi une incapacité à regarder l'Histoire et le passé. Il faut un déracinement d'avec le passé pour que survienne le totalitarisme. Il y a une destruction du savoir, des savoirs anciens. Dans *Fahrenheit 451*[12], Ray Bradbury décrit une société où l'on brûle les livres, où les pompiers sont chargés de brûler l'Histoire. Parce qu'il faudrait être dans un présent perpétuellement renouvelé. Dans *S.O.S. Bonheur* – qui est une bande dessinée de Jean Van Hamme, le même qui a fait *XIII* –, l'auteur met en scène une société technosanitariste et totalitaire[13]. Fait étrange : la personne qui m'a fait lire cette bande dessinée, il y a quelques années, aujourd'hui surjoue le parfait crétin militant du totalitarisme.

---

12. Ray Bradbury, *Fahrenheit 451*, Gallimard, 2000.
13. Jean Van Hamme, *S.O.S. Bonheur*, Dupuis, 2002.

Dans le totalitarisme, il y a un oubli du passé et l'apparition de la censure. YouTube et Facebook sont devenus les agents de la censure d'une quelconque alternative au discours dominant. Reinfocovid a maintenant été censuré à plus de vingt reprises. Une des vidéos qui ont été censurées sur le Covid évoquait un manuel de 1907 où l'on traitait les fièvres inconnues respiratoires avec de la quinine. Cela a été considéré comme inaudible et censuré par YouTube. Finalement, nous rejoignons la problématique du transhumanisme. Parce que le totalitarisme dans lequel on se trouve, est un totalitarisme transhumaniste. Chaque humain serait pareil à du bétail, et croirait qu'il naît tout seul en s'affranchissant du passé, en s'affranchissant de la longue chaîne d'amants et d'amantes qui l'ont précédé ; sans être relié à aucun terroir, sans faire partie de rien, en étant un citoyen du monde éternellement dans l'errance. C'est une illusion ; nous avons besoin d'être d'un terroir. Nous avons besoin de faire partie inconditionnellement de quelque chose de plus grand que nous-mêmes. C'est très profond, chez l'humain.

Alors, quelle voie pour s'en sortir ? Il y a une grande responsabilité pour ceux qui nous lisent aujourd'hui, une écrasante responsabilité : se relever et dire non !

CHAPITRE 4

IMMUNITÉ ET AUTONOMIE EN SANTÉ

IL N'Y A PAS DE SOI SÉPARÉ.

Thich Nhat Hanh, *Il n'y a ni mort ni peur*

STÉPHANE

Dans les précédents chapitres, nous avons abordé les sujets les plus inquiétants et les plus sombres de notre société. Or, l'objectif de cet ouvrage est de rester fidèle à ton approche et à ton éthique, en allant vers la lumière, vers les solutions, et surtout vers un passage aux actes.
Dans notre vidéo de vingt minutes, tournée ensemble sur ce sujet, tu as parlé de la disparition auprès d'organismes tels que l'OMS du terme «immunité collective». Peux-tu, en commençant par ce point, nous reparler de notre système immunitaire et de notre autonomie en santé?

LOUIS

Effectivement, l'Organisation mondiale de la santé a fait disparaître de son vocabulaire la notion d'«immunité collective» pour la remplacer par le concept d'«immunité vaccinale», c'est-à-dire une immunité induite par l'injection d'un agent immunogène et une réaction inflammatoire du corps, de manière artificielle. Pour bien comprendre, intéressons-nous en premier lieu à ce qu'est l'immunité individuelle, dont nous disposons en permanence. L'image d'Épinal largement répandue depuis le XXe siècle consiste à associer la notion d'immunité à une guerre contre l'autre, contre l'étranger, contre ce qui ne serait pas «soi», et contre tout ce qui pourrait tendre à nous déstabiliser. Cela procède d'une vision xénophobe et paranoïaque de l'altérité. La guerre veut l'éradication de l'ennemi. Pas de négociation. Pas de quartier. C'est vraiment l'idée selon laquelle on pourrait fouler l'ennemi aux pieds et en sortir vainqueur. Quelle vision archaïque de l'immunité ! Elle ne tient pas face aux conceptions modernes d'« écosystème » ou encore d'« interactions entre les êtres vivants ». La question de l'immunité ouvre à l'idée que l'on se fait de la vie elle-même. Un regard écosystémique remet en cause le dogme darwinien qui voudrait que seul le *struggle for life* (la « compétition ») soit le déterminant de la survie. Seule cette compétition acharnée conduirait à la sélection des espèces. C'est une vision de la guerre de chacun contre tous où le plus fort l'emporterait.

AUTARCIE ET AUTONOMIE

Mais c'est une vision à la fois parcellaire et simpliste qui ne résiste pas à l'épreuve des découvertes récentes des XXe et XXIe siècles. Dans l'émission *Sur les épaules de Darwin*, Jean Claude Ameisen vulgarise et raconte les études scientifiques qui montrent comment la complémentarité et la coopération sont des facteurs d'optimisation des chances de survie de chacun et de tous. Les rapports de coopération et de contribution au sein des écosystèmes participent au meilleur bien commun et à la meilleure pérennité de chacun. Les fourmis sont utiles à l'acacia, qui lui-même est utile à la girafe, et tous ces êtres vivants vivent en bonne intelligence dans des relations qui, loin d'être guerrières, laissent entrevoir toute la gamme des relations diplomatiques. Je crois que c'est ce qu'il faut comprendre. Vos globules blancs ne sont pas là pour faire la guerre à des pathogènes extérieurs dont il faudrait se débarrasser. Cela peut arriver, mais ce n'est pas leur fonction principale. Celle-ci consiste à palper en permanence le Soi et le non-Soi, et toutes les nuances entre les deux, et à essayer d'établir une diplomatie : qu'est-ce que le Soi ? Le non-Soi ? Quel est le continuum entre le Soi et le non-Soi ? Où commence l'un, et quand s'arrête l'autre ? Quel est le niveau de porosité entre l'intérieur et l'extérieur ?

Au travers de ces questions se fait jour toute la différence qu'il y aurait entre *autarcie* et *autonomie*. L'autarcie consisterait à être capable de tout faire vous-même. Vous seriez tout-puissant et isolé du reste du monde. C'est une illusion. Vous n'êtes pas isolé ! Ce que vous lisez transforme vos pensées. Les personnes que vous voyez, aussi. Le contenu de votre champ de conscience est modifié à chaque instant où l'un de vos sens vous donne une information. Votre « système Soi », comme on pourrait l'appeler, passe son temps à recevoir de l'information extérieure, de l'information sensorielle, émotionnelle, alimentaire. Vous recevez également en permanence de l'information sous des formes ondulatoires et vibratoires d'ondes électromagnétiques. Est-ce que ces informations passent à travers vous et vous laissent complètement indifférent sans même avoir été identifiées, sans aucune interaction avec la matière dont vous êtes fait ? Ou est-ce que ces informations vous changent ? La réalité est que, probablement, ces informations passent leur temps à vous transformer, d'une manière ou d'une autre.

L'idée d'autonomie, c'est bien le maintien de l'intégrité du système dans le temps, de sa pérennité. Elle implique que vous alliez faire le meilleur usage des informations que vous recevez. Et établir la juste relation à elles.

SOI ET NON-SOI, UN CONCEPT OBSOLÈTE

Tout le travail sur le microbiote[1] nous apprend qu'à l'intérieur de nous-mêmes nous avons une immense quantité de bactéries, de champignons, de virus. On considérait, jusqu'ici, qu'ils étaient le non-Soi. Mais force est de constater, au fur et à mesure des découvertes scientifiques, que l'ensemble de ce microbiote fait bien partie de vous. Et peut-être même que c'est plutôt vous qui faites partie du microbiote..., que vous êtes la mobylette sur laquelle le microbiote se déplace. Puisque ce microbiote va définir à la fois votre humeur, votre personnalité, votre susceptibilité au cancer ou à telle ou telle maladie. Corollairement, si on greffe un microbiote d'obèse à quelqu'un, il va devenir obèse, même s'il ne mange pas beaucoup plus. Il y a donc une co-évolution et une contribution permanente des cellules des agents infectieux avec les cellules de votre corps. Certaines de ses coopérations, au sein de votre microbiote intestinal, par exemple, fournissent des vitamines essentielles que vous ne pourriez pas produire vous-même. On sait même qu'il y a un microbiote au sein de votre système nerveux central, un endroit que l'on pourrait penser être le sanctuaire des sanctuaires. Là aussi, on retrouve des agents infectieux divers.

1. Le microbiote est l'ensemble des microorganismes, bactéries, champignons, protistes, viridae qui vivent dans un environnement spécifique. Votre microbiote, c'est l'ensemble de ces petites bébêtes qui vivent sur et en vous.

Mais, plus avant, vous comprenez que cela questionne ce qu'est ce « moi-même » dont nous parlons. Qu'est-ce qui fait que certaines personnes vont vivre toute leur vie avec du pneumocoque dans le nez, ou avec un méningocoque, sans jamais avoir aucune pathologie ? Et d'autres, au contraire, qui vont développer une pneumonie à pneumocoques[2] ou une méningococcémie à méningocoques, ou une méningite à pneumocoques extrêmement foudroyantes, et très grave.

---

2. Pneumocoques et méningocoques sont des bactéries.

C'est cette interrogation qui pourrait résumer l'énigme de l'immunité. L'immunité est la constitution d'un Soi comme une gradation progressive diplomatique avec le monde extérieur. L'immunité est un processus dynamique par lequel le Soi se constitue de manière locale, temporaire et évolutive à partir du contact à frottement dur avec le monde extérieur. C'est une néguentropie locale, temporaire et évolutive au sein du chaos enchevêtré du réel.

Un « Je » dans un « Nous ». Jurgën Habermas, un philosophe de l'école critique allemande, qui a beaucoup travaillé sur la discussion comme possible accession au juste et au vrai, disait, en exergue de son livre *De l'éthique de la discussion*[3], qu'il y a une double fragilité ontologique de l'individu et du groupe. Pour exister, le groupe a besoin des individus. Et l'individu a besoin de faire partie du groupe. C'est important. Pour de très nombreuses philosophies et de nombreux penseurs comme Thich Nhat Hanh, ce moine bouddhiste attachant cité précédemment, il n'y a pas de Soi séparé. Mais il y a quand même une sorte de Soi ou, en tout cas, une illusion que « je suis moi ». C'est un sujet qui va naturellement beaucoup plus loin que simplement l'immunité. Il touche la sphère sociale et personnelle. Il pose la question du lien, de moi et de l'autre, et de tout ce qu'il y a entre les deux. C'est profondément une question d'ordre spirituel. Soi et non-soi sont, in fine, des catégories non signifiantes.

Où est-ce que je m'arrête ? Où est-ce que je commence ? À quel point l'autre me transforme ? Comment est-ce que je suis moi dans un « Nous », un « Je » dans un « Nous » ? Comment

---

3. Jurgën Habermas, *De l'éthique de la discussion*, Flammarion, 2013.

est-ce que j'ai besoin d'un « Nous » pour pouvoir exister ? Si je n'étais qu'un « Je », seul et isolé, je n'aurais aucun sens. C'est le « Nous » qui donne du sens et qui peut me fournir ce dont j'ai besoin pour vivre. Vous n'êtes pas séparés. L'ensemble de ce que vous mangez dépend d'un très grand nombre de personnes en amont pour la production de nourriture. L'ensemble de ce que vous vivez dépend de tant de conditions… C'est une évidence, mais qu'on ne prend pas le temps de mesurer dans notre quotidien.

Parce que l'expérience de chacun est plutôt de chercher à s'individuer, à devenir Soi. À être, à un moment, un système vivant dans un état métastable qui persiste malgré la transformation induite par le monde extérieur. Et c'est cet état métastable persistant dont on dit souvent qu'il est « MOI ». L'exemple communément admis est celui de l'ensemble de vos cellules corporelles – que vous pouvez considérer comme étant « Vous » – et qui est, en fait, renouvelé tous les sept ans. Pourtant, vous avez toujours l'impression d'être vous ! À 42 ans, j'ai l'impression d'avoir été moi tout au long de ma vie, et pourtant, si je reprends l'enfant de 7 ans que j'étais, que reste-t-il de ses pensées, de ses émotions ? Qu'est-ce qui reste, en fait ?

PERSISTANCE ET TRANSFORMATION

Subsiste-t-il quelque chose de matériel, quelque chose de transcendant ? Serait-ce d'une autre nature que ce que je perçois immédiatement ? Qu'est-ce qui fait la cohérence et la pérennité, dans le temps qui s'enfuit ? Toutes ces questions sont posées à la science. Mais elle n'y répond que très partiellement. Pour le moment, vous savez juste que, sur votre peau, il y a des bactéries, des champignons, des virus ; dans votre nez, idem. Et chaque fois qu'un virus vous traverse dans une infection virale ou une épidémie virale, c'est un morceau d'information qui vient traverser votre corps et le faire se transformer. Chaque fois que vous respirez, vous prenez de l'air qui a été inhalé par d'autres, expiré par d'autres. Vous-même vous allez l'inhaler, le transformer et puis le ré-expirer. Au passage, vous allez vous transformer. Cet oxygène, ce CO_2, cet azote, ces gaz rares, l'ensemble de ce que cela contient de polluants ou de particules en suspension va venir agiter votre corps et induire une transformation. Je crois qu'il faut un peu développer cette notion d'immunité. Parce que, pour beaucoup de gens, il s'agirait encore une fois de se défendre, de se protéger, de faire la guerre. Mais, la plupart du temps, les cellules de l'immunité sont là précisément pour reconnaître le juste niveau de relation à établir et éviter la guerre. Est-ce qu'il faut vraiment se protéger, ou est-ce qu'il est possible de faire avec, voire de coopérer ?

VACCINATION, BIOMIMÉTISME, OU GRIMACE PSEUDO-IMMUNITAIRE

Quelqu'un qui travaille sur l'immunité – et dont je tairai le nom pour ne pas lui attirer d'ennuis – a eu une idée intéressante. Il a travaillé sur le fait d'injecter en intra-épidermique – donc dans la couche superficielle de la peau –, de toutes petites quantités d'antigène, sans adjuvant ou substance pour susciter une réaction inflammatoire exacerbée. Par contre, l'injection a été faite à travers une peau non nettoyée. Cela crée une sorte d'effraction de la barrière cutanée, non seulement par ces molécules d'antigène, mais aussi par tout le microbiote cutané, les bactéries, les champignons, les virus qui sont à la surface de notre peau en permanence. Et, ce faisant, il a constaté qu'il se produisait une réaction extrêmement intéressante. Les cellules immunitaires de la peau, que l'on appelle « cellules de Langerhans », quand on les regardait en microscopie électronique, palpaient ce message. Et ensuite, elles plongeaient dans la profondeur pour aller fournir le message à l'ensemble du corps. Et l'ensemble du corps décidait comment réagir : « Est-ce vraiment une effraction ? Est-ce que c'est anodin ? Est-ce qu'au contraire je dois m'habituer à la présence de cette chose-là parce qu'elle revient souvent ? Dois-je la combattre ? Faut-il négocier ? »

Finalement, ce chercheur a développé un système de « vaccination » à partir de cette simple et banale effraction cutanée par un laser. Ce système fonctionne bien. Il n'a pas besoin de shunter les barrières. Au contraire, puisque c'est au niveau de la barrière elle-même – de l'épiderme –, que cela se passe.

La vaccination du XIXe siècle que l'on utilise encore aujourd'hui est injectée directement en intramusculaire. C'est-à-dire bien plus profondément que la peau. Cette injection vient court-circuiter tout le système immunitaire présent naturellement dans la peau. Vous vous retrouvez à devoir créer une réaction inflammatoire, de manière artificielle, en injectant des adjuvants – dont on sait qu'ils sont extrêmement discutés quant à leurs effets toxiques – directement dans les muscles. Là, vous avez une version beaucoup plus intéressante, plus intelligente, beaucoup moins coûteuse et qui utilise ce que fait votre corps en permanence, c'est-à-dire établir un thermostat immunitaire relationnel avec le monde extérieur ! Ce n'est pas qu'une question de pathogènes ou qu'une question de terrain, comme on se plaît à opposer Béchamp ou Pasteur. Les choses ne sont pas si simples… La question est « Quelle est la RELATION ? » C'est la nature de la relation entre l'hôte et le pathogène, de la relation entre la bactérie, le champignon, le virus et la personne qui les accueille qui est la vraie chose importante.

LE COVID : UNE SYNDÉMIE

Richard Horton, le patron du *Lancet*, et Barbara Stiegler ont parlé de « syndémie » au sujet de l'épidémie de SARS-CoV-2 qui nous occupe. La syndémie – *syn* signifiant « avec, ensemble », en grec –, c'est l'idée qu'il y a à la fois un pathogène et un contexte. Un contexte très particulier. Les gens qui ont fait les frais de l'épidémie de Covid-19 sont majoritairement ceux qui ont des antécédents d'immunodépression justement, c'est-à-dire un rapport immunitaire au monde perturbé, une façon d'intégrer les messages des agents pathogènes qui est déjà défaillante. Ce sont également des personnes qui ont déjà une réaction inflammatoire excessive potentielle ou chronique. Qu'est-ce que cela veut dire ? Par exemple, les gens qui sont en surpoids ont, dans la graisse abdominale, ce qu'on appelle de l'« inflammasome ». C'est-à-dire l'ensemble des molécules de l'inflammation, de ce fameux orage cytokinique, qui sont prêtes à entrer en action. Pour donner une image, c'est comme si ces personnes avaient une grenade dans l'abdomen et que le virus venait la dégoupiller et la faire exploser.

Idem pour les gens qui ont une hypertension artérielle. C'est une maladie inflammatoire chronique des vaisseaux. Or c'est exactement ce qu'est, en plus aigu, le Covid-19 : une vascularite, une inflammation des vaisseaux au niveau du cerveau, du cœur, des reins, du tube digestif, et surtout des poumons. Cette inflammation des vaisseaux, cette vascularite, diminue le calibre des vaisseaux qui se bouchent plus facilement. L'inflammation de la paroi fait que le diamètre intérieur du vaisseau est diminué. Mais, en plus, il y a comme des trous dans la paroi des vaisseaux. Il y a donc un suintement de plasma vers le secteur interstitiel. Ceci va venir noyer les poumons. Ils vont s'alourdir considérablement. Les échanges gazeux entre l'alvéole et les vaisseaux vont se dégrader. L'oxygène va avoir du mal à se diffuser à travers la barrière alvéolo-capillaire. Il va y avoir besoin de plus en plus d'oxygène pour réussir à le faire passer quand même jusqu'à l'intérieur des vaisseaux. L'oxygénation du sang insuffisante va ensuite mettre les tissus en dette d'oxygène.

C'est pareil, concernant le diabète. Le diabète fait que vous avez toujours un taux de sucre trop haut dans le sang. Ce sucre se dépose à la fois sur les vaisseaux, sur les petits nerfs, un peu partout dans le corps. C'est à l'origine d'une inflammation chronique. Pour ces raisons, les diabétiques sont susceptibles d'avoir des réactions inflammatoires disproportionnées après contact avec le SARS-CoV-2.

La maladie, c'est finalement quand le terrain du patient et l'ensemble de ses facteurs de risque rencontrent un pathogène, qui déclenche une réaction du corps. La maladie, c'est la rencontre d'un message qui nous traverse et fait résonner toutes les fragilités préexistantes. C'est le moment où l'on atteint un point de rupture… On ne pouvait plus continuer à vivre dans le monde tel qu'il est avec tous ces facteurs de risque. La maladie vient le dire à grands cris.

Au moment où l'on atteint ce point de rupture, on a besoin de traitements, à la fois contre le pathogène, mais aussi pour calmer la réaction de l'hôte. C'est exactement ce qui se passe avec le Covid-19. Il nous faut traiter l'agent pathogène, mais aussi calmer la réaction de l'hôte par des traitements immunomodulateurs, au premier rang desquels figure la corticothérapie. Tout le monde sait que la cortisone, les corticoïdes sont des traitements qui calment les réactions du système immunitaire. Mais il ne faut pas que continue la réaction en chaîne. Il faut juguler aussi le virus. Et, pour cela, il faut des traitements antiviraux qui permettent de calmer le jeu, de faire qu'il n'y ait pas de réplication virale indéfiniment. C'est tout l'enjeu de traitements comme l'ivermectine, l'hydroxychloroquine, le Zithromax qui sont toujours discutés. Il faut aussi soutenir le système immunitaire dans la juste mise en place de sa relation hôte-pathogènes. Sont proposés la vitamine D, la vitamine C, le zinc et encore bien d'autres thérapeutiques.

On n'est pas démuni, dans cette affaire. Mais il faut savoir que c'est bien l'état préalable des patients qui a rendu catastrophique le passage de cette information virale à travers eux. Si vous étiez en pleine forme, mince, jeune, en bonne santé, l'épidémie virale n'a eu, dans l'immense majorité des cas, aucun impact sur vous, ou très peu. Il reste des anomalies, des exceptions. Et là, il faut creuser. Pourquoi quelques jeunes ont-ils été touchés ? Cela aurait-il pu être évité ? Y a-t-il quelque chose qui a empêché une saine diplomatie entre le corps et le pathogène ?

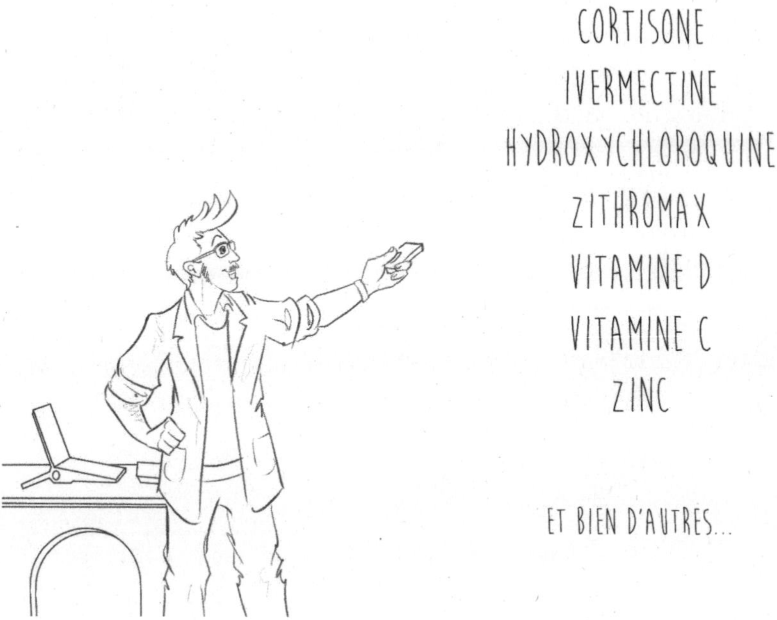

DIPLOMATIE SAUVAGE

Il est complexe de comprendre que l'on est à la fois « Soi » et pris dans le « Nous ». Je voudrais rapprocher les lecteurs d'Edgar Morin et de sa « pensée complexe ». Il exprime justement l'importance d'arrêter d'opposer pro et anti, d'arrêter de concevoir le monde comme binaire – noir ou blanc. Il propose de convenir qu'il est à la fois noir et blanc, et que nous pouvons être à la fois « Soi », intégrés à « Nous » et intégrés au monde. Je crois que c'est un des enjeux majeurs du XXIe siècle que de comprendre que l'humain fait partie d'un système vivant en interaction permanente avec lui, qu'il transforme, et qui le transforme. Le fait que l'humain change le système autour de lui est évident. On passe notre temps à interagir avec la matière. Toutes nos activités professionnelles sont, au fond, de la transformation de la matière. Même un réanimateur qui pense qu'il travaille dans le secteur tertiaire induit des commandites dans tous les sens, en matière, en électricité, en médicaments, en électrolytes pour les bains de dialyse, en machines…

"SOUFFLER SUR LES BRAISES DU VIVANT"

Nous avons vu que l'immunité peut être conçue comme une diplomatie avec le vivant, à l'intérieur de soi et à l'extérieur de soi. Or cette idée de la diplomatie du vivant est développée actuellement par de nombreux penseurs qui acceptent l'idée de la complexité. Notamment par un penseur extrêmement attachant, philosophe, enseignant-chercheur à l'université d'Aix-Marseille qui s'appelle Baptiste Morizot. Il a écrit plusieurs ouvrages sur des séjours avec les loups[4]. Car, non content d'être philosophe, il s'intéresse au « sauvage » et à une certaine écosophie[5]. Je me souviens d'une image qu'il emploie alors qu'il décrit ses veillées et ses attentes dans la neige à la rencontre d'une meute. Il constate qu'il n'y a qu'une trace de loup. Bien nette. Trop nette. Profonde. Parce que tous les loups de la meute marchent, en fait, dans la même trace. Ils sont tous là dans cette trace unique. Et, à un moment de la piste, la trace unique explose en multitude. Tous les loups en ont émergé. Je et Nous. Il a écrit aussi *Raviver les braises du vivant*[6], dans lequel il explique par un répertoire de possibles que c'est l'un des enjeux phares du XXIe siècle que de comprendre que nous ne pouvons pas être dans un rapport de prédation stricte, et en guerre contre le monde autour de nous. C'est un enjeu anthropologique et environnemental.

---

4. Baptiste Morizot, *Les Diplomates : cohabiter avec les loups sur une autre carte du vivant*, Wildproject, 2016.
5. Une « sagesse de la maison commune ».
6. Baptiste Morizot, *Raviver les braises du vivant*, Actes Sud, 2020.

Si l'on veut arrêter de détruire la planète sur laquelle nous vivons, nous devons comprendre que l'on est en interaction avec elle. Et que cette interaction est de toutes les nuances de la diplomatie. Elle peut aller du partage et de la fusion à l'interaction bénéfique telle que les co-apprentissages. Cette diplomatie a une caractéristique étonnante. Elle est dynamique, sans cesse renouvelée. Et, comme un *ostinato*, elle doit proposer et reproposer d'ouvrir à la réconciliation et au lien. Je crois qu'il faut vraiment regarder en face cette réalité : si nous ne changeons pas la société, la crise reviendra plus forte et plus brutale. Parce que la crise et la maladie sont, en fait, des occasions de comprendre que le point de rupture relationnelle entre moi et le monde est atteint.

PROSPECTIVE VIVANTE

Qu'est-ce qui peut se passer, à la suite de cette crise ? Soit nous essayons de continuer à vivre tel quel. Mais ce n'est pas possible. Et la maladie reviendra plus brutale et plus forte. Soit nous vivons avec une béquille techno-industrielle qui nous permettra de faire semblant temporairement en essayant d'étouffer un peu plus le monde autour de nous, sans nous transformer profondément. C'est le projet mondialiste néolibéral transhumaniste. C'est l'exemple des traitements des maladies chroniques qui ne changent pas fondamentalement la donne et diffèrent seulement la survenue du point de rupture, du point de résolution. Mais qui le rendent infiniment plus brutal. Ce qui fait de nous des malades au long cours. Soit, enfin, « Je » se transforme très profondément, et notre société se transforme très profondément.

Et, à ce moment-là, nous pouvons passer à un autre stade de compréhension du monde. Cela rejoint la question des épreuves initiatiques. Dans toutes les sociétés traditionnelles, il y a des moments de confrontation du jeune homme à la souffrance et à la mort pour lui faire prendre conscience qu'il va mourir et qu'il doit se transformer en autre chose. S'il reste exactement comme ça, il ne pourra pas continuer à vivre. S'il veut accéder au rang de chasseur et faire partie du groupe élargi, il va falloir qu'il se confronte au feu et à la blessure de cette épreuve initiatique. Enfin, quand il accède à une conscience élargie de son appartenance, quand il a passé l'épreuve, il grimpe en responsabilité. Il doit nourrir la tribu. L'épreuve initiatique est toujours guidée par un chaman bienveillant...

Je crois que l'enjeu, aujourd'hui, est de réussir à guider notre société vers sa transformation, vers le renoncement à l'autarcie, le renoncement à la toute-puissance prométhéenne et vers le début de l'acceptation de l'idée d'*autonomoi*. L'autonomie, c'est se donner à soi-même sa propre loi, tout en acceptant d'être en interaction avec les autres. C'est une problématique à laquelle sont confrontés les permaculteurs et les autonomistes, ainsi que les survivalistes. Ceux qui décident d'être dans leur bunker avec leur Kalachnikov en sachant tout faire voudraient être autarciques. La réalité, c'est qu'ils vont être en conflit de plus en plus brutal avec le monde autour d'eux. Et, un jour, quelqu'un viendra avec encore plus d'armes et encore plus de brutalité leur prendre leurs tomates, leurs œufs et leurs poules. La question n'est donc pas de devenir autarcique, mais de devenir autonome et de pouvoir dire : « Je suis capable de contribuer à quelque chose qui est plus grand que moi, dont je suis responsable et qui me protège. Je sais faire des œufs, mais lui, à côté, sait faire du miel. Celui-là, un peu plus loin, sait faire des semis. Et si on se mettait tous ensemble pour former une cohérence ? En se donnant nos propres règles du jeu. En créant ce qu'on appelle un "commun". »

Alors seulement, la violence s'éteint. Elle n'est plus nécessaire. On n'en a plus besoin. C'est une des leçons de la voie de la non-violence que j'essaie d'emprunter. La non-violence ne consiste pas à se laisser fouler aux pieds, à se laisser piétiner par le voisin, par l'extérieur. C'est essayer de rétablir une relation. Il faut établir un rapport de force, une tension. Rétablir une danse ensemble, d'où peuvent jaillir de l'amitié, de la joie, de la coopération... Mais il peut aussi en jaillir du conflit, du combat. Les forces relatives se mesurent. Et la tension peut aussi aller jusqu'à l'intégration de l'Autre en Soi ou de Soi en l'Autre. Cette confrontation finit, de toute manière, par une troisième mi-temps. Et on est capable d'aller boire un coup tous ensemble. Je crois que le bout de la guérison, c'est quand, à la fin, on est capable d'aller boire un coup avec le SARS-CoV-2 et de vivre avec.

Ça, ce n'est pas une immunité artificielle qui nous le donnera. Parce que l'immunité artificielle est une grimace, une caricature de l'immunité naturelle. Elle dresse mon système à surréagir encore plus fort à un pathogène extérieur. Alors que l'immunité naturelle, elle, crée une diplomatie subtile où je vais réagir à la juste mesure à un agent infectieux qui me traverse, tout en acceptant l'idée que je dois me transformer. Cet agent infectieux me donne une information et me dit : « Tu es trop gros, trop diabétique ; trop hypertendu et trop stressé, ou seul ; tu es immunodéprimé. Tu ne peux pas continuer à vivre ainsi... ».

Avons-nous envie de nous voir comme un être imparfait profondément instable et fragile qui aurait besoin d'une remédiation en permanence, d'une béquille technique à ses imperfections et qui, finalement, donnerait les clés de sa liberté au néolibéralisme transhumaniste mondialisé ? Qui accepterait que Laurent Alexandre, Jacques Attali ou Yuval Noah Harari aient raison de la liberté et réussissent à faire vendre aux multinationales tout ce qui nous permettrait de survivre, tout en prônant le mythe autarcique que nous pourrions nous autoconstruire et être un Tout, seul et isolé ? C'est une illusion qui fait de nous les esclaves de quelques-uns qui se chargent de nous faire survivre. Ce futur est celui du bétail, un traitement de l'animal dégradant et inacceptable. De très nombreux groupes de pensée et associations se lèvent pour dire que cette façon de voir le vivant est insupportable. Je crois qu'il faut le regarder pour nous-mêmes. Sommes-nous capables de nous retourner, d'apprendre à faire une mise en abyme ? Notre destin collectif et individuel n'est pas d'être du bétail dans les mains de quelques multinationales. Notre destin, au contraire, est de comprendre la juste interaction avec le vivant, de retrouver une autonomie et d'accepter que nous devons nous laisser transformer.

Certaines choses de notre mode de vie sont complètement insupportables au système Terre. Si nous n'acceptons pas cette leçon que nous donne l'épidémie de SARS-CoV-2, nous renoncerons à vivre, sur cette Terre. Nous serons emportés par le déferlement totalitaire et par celui des épidémies à venir. Je crois que c'est quelque chose sur lequel on peut se rejoindre – même avec ceux qui ont eu peur de cette épidémie –, c'est qu'elle est là pour tout transformer radicalement. Demain doit être un autre monde ou ne sera pas.

CHAPITRE 5

PERMACULTURE HUMAINE

LES PAYSANS DE DEMAIN SERONT DES GARDIENS DE LA VIE ; LEURS FERMES SERONT DES LIEUX DE GUÉRISON, DE BEAUTÉ ET DE COHÉRENCE.

Charles et Perrine Hervé-Gruyer

STÉPHANE

C'est après avoir entendu, dans l'une de tes interviews, que tu as étudié la permaculture et fait partie du mouvement des Colibris de Pierre Rabhi que j'ai décidé de te contacter. Cette information a été le déclencheur, pour moi pratiquant la permaculture depuis plusieurs années dans différents espaces (hôpitaux, entreprises, zones industrielles, particuliers, etc.), de l'intérêt croissant que j'ai ensuite porté à ton message.
Pour ma part, cette philosophie de vie qu'est la permaculture m'a permis de restructurer mes engagements, de connecter mes choix et mes actions, de développer et de créer des systèmes de production et de communication résilients dans une cohérence généralisée.
Dans notre vidéo de trente minutes sur le sujet, tu as commencé la discussion par le fait d'être également très inspiré par les fondements de la permaculture. Peux-tu nous en dire plus ?

PRÊTER ATTENTION

LOUIS

Je suis pas mal imprégné des principes de la permaculture : « Faire attention aux effets de bordure ; combien tu mets d'énergie et combien tu vas en récupérer ; observer avant d'agir ; le problème est la solution ; plusieurs éléments pour une fonction ; plusieurs fonctions pour un élément… » Tous ces petits aphorismes qui forment les principes de la permaculture guident non seulement le jardin, mais l'agir juste dans beaucoup d'autres domaines. Il ne s'agit pas seulement de savoir faire des buttes dans un potager. C'est bien plus ample que cela, la permaculture. En amont, tu trouves les « éthiques ». Prendre soin de la nature, prendre soin de l'humain, partager ses récoltes. Ces « prendre-soin » sont injustement traduits de l'anglais « *take care* ». Dans ces « prendre-soin », il y a d'abord l'idée d'un « non-agir ». Peut-être s'agirait-il de simplement « prêter attention ». Ce qui n'est pas pareil que de « prendre soin ».

Dans « prêter attention », il y a l'idée d'un effort temporaire, d'une remise au cœur du champ de conscience, comme en méditation. C'est une sorte d'accompagnement de loin, comme porter un lâcher-prise, comme effleurer mais laisser vivre. On voudrait qu'il y ait une action, un « agir ». Et c'est plutôt un « non-agir ». C'est plutôt un accordage, presque au sens musical, de toi avec la nature et avec le vivant. Il s'agirait un peu, comme le sociologue Hartmut Rosa le précise dans ses derniers ouvrages[1], de « se mettre en résonance ». Pour lui, c'est une voie vers le bonheur individuel et collectif. Il propose, dans ce chemin-là, une sorte d'eudémonisme[2] moderne dont les clés seraient de se réimprégner des mouvements subtils et sans cesse changeants de la nature. Le premier geste serait d'accepter un changement dans la relation que l'on entretient avec

---

1. Hartmut Rosa, *Résonance* (2018), *Rendre le monde indisponible* (2020), La Découverte.
2. Doctrine philosophique posant comme principe que le bonheur est le but de la vie humaine.

elle. Pour aller vers une sorte de diplomatie patiente. Chacun est pleinement partie prenante. C'est une façon de refaire corps et connaissance avec les mouvements spontanés de la nature. C'est déjà un chemin parcouru dans nos sociétés, comme dans le cas du biomimétisme, par exemple. Il faut vraiment s'emparer d'une vision permacole de la vie. Cette idée selon laquelle l'humain, loin de s'affranchir de la nature, devrait en permanence s'en inspirer et en faire partie est révolutionnaire.

DES HUMAINS QUI PRENNENT LE TEMPS

C'est intéressant que tu me parles de Pierre Rabhi. Il a ouvert, bien avant les autres, cette idée que l'on est dans un modèle de société où on est tous dans des petites boîtes, pris en étau, enfermés. Beaucoup d'entre nous sont comme des morts-vivants, déconnectés du vivant en nous. C'est aussi ce que dit Thomas d'Ansembourg, l'un des orateurs de la Communication non violente que j'apprécie. Il parle d'« Enfermement » – des petits morceaux d'enfer dans lesquels nous sommes pris au piège. Le néolibéralisme est aussi, je crois, un enfermement dans une petite boîte. Il s'agit d'exploiter toujours plus la nature, d'épuiser les ressources, de se « rendre comme maîtres et possesseurs de la nature[3] » – comme l'a écrit Descartes –, de se penser supérieur, séparé. Je mets en lien l'idée qu'il n'y a pas de Soi séparé, avec cette notion d'immunité (développée dans le chapitre précédent).

---

3. René DESCARTES, *Discours de la méthode* (1637), Flammarion, 2020.

Bien souvent, ton jardin te ressemble. Ta maison te ressemble. Chacun assemble autour de lui un monde à son image. En parallèle de ce mouvement avec Pierre Rabhi, d'autres gens à l'autre bout du monde – David Holmgren, Bill Molisson et d'autres auteurs – écrivaient pour essayer de poser les bases de ce que l'on appelle la « permaculture ». Elle serait l'idée de cultiver un jardin en mettant en place les bonnes structures, le bon *design*. C'est-à-dire la bonne façon de mettre en lien les éléments les uns avec les autres pour qu'ils se répondent, qu'ils se parlent, qu'ils communiquent, qu'ils trouvent chacun leur juste place et leur juste réseau d'appartenance. L'une des idées en permaculture est de créer un design composé de zones. Une de ces zones, la plus importante à mon sens, est celle où on laisse la nature sauvage. Elle va alors généralement prendre sa forme la plus belle, la plus vive, la plus dynamique, avec le maximum de biodiversité. Il y a toujours plus de biodiversité, plus de vie dans une zone sauvage que dans tout ce que les humains auraient pu faire au même endroit avec les mêmes ressources. Et puis, il y a l'idée que ces zones sont traversées par des flux d'énergie : le soleil, le vent, l'humidité, l'eau, les sources, le va-et-vient des humains, des oiseaux, les lignes électriques, etc., et tout ce qui fait que ces zones sont en pourparlers permanents avec l'extérieur. On regarde d'abord dans quel contexte on se situe, dans quel genre d'écosystème on peut survivre. Ces éléments, ces principes de la permaculture, sont également présents dans les interactions humaines et dans la vie en société.

DES CLÉS POUR LA VIE EN SOCIÉTÉ ET LE RAPPORT À SOI

La permaculture humaine, ce serait peut-être de réussir à être soi-même, à être suffisamment individué pour donner sa part à la société. Être soi-même, tout en faisant partie de quelque chose de plus grand. Cela rejoint un peu l'idée des Colibris : faire sa part. Faire sa part pour laisser émerger un monde meilleur, où l'on prend soin les uns des autres, et où l'on prend soin de la nature autour de nous et à l'intérieur de nous. Il s'agit de transformation intérieure, avant de vouloir transformer le monde extérieur. Dans cette

histoire, la crise est mon « petit-maître ». Elle est venue faire émerger le meilleur de ce que je pouvais offrir et m'a permis de voir si je suis capable de grandir grâce à elle. Nous avons écrit un texte sur la gratitude pour dire que ce qui nous arrive est, en fait, une chance, une initiation, un moment où l'on passe au feu de l'épreuve. C'est un moment où il faut consumer les scories et se laisser poncer jusqu'à l'os pour essayer de trouver ce qu'il y a de plus beau en nous – le diamant éternel à offrir au monde.

J'ai fait partie du cercle cœur des Colibris de Marseille pendant deux ans et demi. Nous avons essayé d'aider à la mise en place de groupes humains qui travaillaient sur la gouvernance, sur le partage du pouvoir, le partage des rôles, les modèles de prise de décision. Au fur et à mesure, nous avons vu que ce n'était pas facile de former un groupe, un « Nous ». La leçon était que nous devions nous transformer à l'intérieur. Il fallait changer sa propre posture et, petit à petit, se mettre en situation, non de vouloir transformer quoi que ce soit, mais plutôt de se laisser transformer par ce qui se passait. Je crois que cela explique une part de la sidération dans ce qui est en train de nous arriver aujourd'hui. Beaucoup de gens se demandent ce qu'ils peuvent faire. Ils sont démunis, profondément impuissants et désespérés. Je crois que la première chose, c'est de se structurer soi et en lenteur, en observation. Masanobu Fukuoka a écrit *La Révolution d'un seul brin de paille*[4]. Il est à l'origine de la permaculture. Il évoque l'art du non-agir. Il parle de la nécessité que se structure un mouvement ample réunissant les humains. Comment changer le monde ? Tous les gens qui se sont intéressés à la non-violence

4. Masanobu FUKUOKA, *La Révolution d'un seul brin de paille*, Guy Trédaniel éditeur, 2005.

ont dit qu'avant tout il fallait commencer par désinvestir « le monstre » de sa puissance. C'est-à-dire ne plus lui donner de prise. Vous pouvez essayer de jeter des briques dans le temple ou faire des actions violentes contre le pouvoir, mais celles-ci sont vouées à l'échec ! Vous n'êtes pas assez gros, pas assez forts. Elles ne réussiraient éventuellement que si vous étiez suffisamment nombreux, suffisamment puissants, armés jusqu'aux dents. Mais, dans ce cas, vous reproduiriez un système violent, une domination ; une tyrannie remplacée par une autre tyrannie.

SOUFFRANCE ET INDIVIDUATION

Il y a donc tout un travail à accomplir d'abord sur soi-même, qui s'apparente finalement à un travail artistique : se laisser sculpter au contact du vivant autour de nous, et laisser advenir une individuation. Ce qui est très différent de l'individualisme. L'individuation est le fait de réussir à s'extraire progressivement du grand Tout pour devenir Soi.

Cette extraction se fait par une épreuve initiatique, une confrontation à la souffrance, à la douleur, à la mort. Cette épreuve passe – et c'est le grand secret – par l'acceptation de l'autre et de l'épreuve comme guides. Il ne s'agit jamais de triompher d'une initiation. Il s'agit de la traverser. Comme on emprunte un chemin qui nous conduit de l'autre côté. Si l'initiation réussit, alors on devient soi-même, et on tisse un fil de relations avec le groupe, avec le Nous, avec le Tout. Mais, à l'inverse, cette épreuve initiatique peut échouer.

C'est le cas, par exemple, de certains jeunes, aujourd'hui, qui ont trop de confort, pour qui tout est trop facile, qui sont abandonnés entre les mains de la télévision et des Big Tech acharnés à leur voler toute substance et toute subtilité. Alors, ils ne partent jamais de la maison. Ils deviennent un peu comme des Tanguy à 40 ans. Ce sont encore leurs parents qui décident à quelle heure ils doivent se coucher, se brosser les dents, comment ils doivent s'habiller...

Donc, quand l'épreuve initiatique est ratée, ou esquivée par confort ou peur, il n'y a pas d'individuation. Il n'y a que des individualismes juxtaposés qui sont tous exactement identiques parce qu'ils n'ont pas réussi à prendre forme. Ceux qui n'ont souffert de rien sont, en fait, très conformistes. Et ils mettent des bâtons dans les roues de ceux qui veulent s'individuer. Parce que ce serait insupportable de regarder quelqu'un s'extraire du conformisme généralisé, de l'hypnose doucereuse de la matrice.

On voit aujourd'hui toute une masse de gens qui vivent sans individuation dans le réel, mais qui, par contre, jouent des rôles dans une réalité digitale numérique parallèle fantasmée. Des avatars. Des narcissismes juxtaposés sur Facebook qui ne vivent que pour leur nombre de « likes » ou de « friends ». Mais ce ne sont que des rôles où rien n'est risqué, où la mort n'a pas vraiment de place, où il n'y a pas véritablement de souffrance. Vous pouvez vous prendre dix coups d'épée, perdre quinze points de vie, mais vous recommencerez au « level 1 ». Ce n'est pas une vraie vie, ni une véritable initiation. La vraie initiation est celle qui vous fait mal, celle qui va vraiment vous transformer. Certains verront cela comme un retour réactionnaire à l'idée de souffrance ! Je ne crois pas. Je pense que la souffrance est une donnée de l'existence humaine, et, plutôt que de vouloir l'éradiquer, il faut l'accompagner intelligemment.

PERVERSION NARCISSIQUE

Parce que s'il y a trop de souffrance pendant l'initiation, le fil de relation, dont on a dit plus haut qu'il se tissait au fur et à mesure de l'extraction du grand Tout, peut se casser. Et là, c'est très grave. Peut-être bien pire que de rester englué dans la matrice. Dans ce cas, vous avez un individu très individué, mais qui n'est plus en lien avec le Nous, avec le groupe. C'est, en fait, un pervers narcissique. Il est en orbite. Comme un spationaute dans sa combinaison spatiale, perdu dans le grand vide, à tourner dans le froid intersidéral. Il va avoir une attente, une soif inextinguible de se remettre en contact avec le Nous. Mais il va vouloir être le « Tout » des autres en essayant de prendre toute la place. Ceux qui ont connu, dans leur travail ou dans leur vie, des pervers narcissiques – tels que les décrit Paul-Claude Racamier dans la littérature psychologique –, le savent bien. Vous pensez à eux, même quand ils ne sont pas là. Vous continuez d'en discuter avec les collègues, alors qu'ils sont partis.

Le but du pervers narcissique est d'occuper tout l'espace. Il cherche à être là, à exister, à ce que vous vous référiez toujours à lui, à ce qu'il devienne votre Tout. Mais c'est pathologique. Tellement pathologique que le lien qu'il établit à l'autre est toujours, d'une manière ou d'une autre, empreint de violence : une emprise, une culture du viol, de pénétrer la pensée et/ou le corps de l'autre. Ces violences qu'il inflige s'expliquent parce que lui-même a été extrait du Tout de manière traumatique par une initiation trop violente et non guidée. C'est parfois l'histoire des enfants battus ou de ceux qui n'ont pas reçu assez d'amour, qui se sont retrouvés seuls pour faire face à la vie.

JUSTE TENSION INITIATIQUE

Cette initiation, cette transformation au contact du réel est là pour tisser une relation et tendre une corde entre « Je » et « Nous », entre « Je » et le monde. Si elle est trop peu tendue (le fils à papa dans ses jeux vidéo), elle ne sonne pas. Si elle est trop tendue (le pervers), elle casse. Il faut la tirer juste assez pour qu'elle sonne juste. C'est l'individuation réussie. Celle qui permet de prendre pied dans le réel et de trouver sa place dans le groupe humain, dans le Nous, dans la nature, dans le tout. La permaculture humaine, c'est arriver, justement, à la juste tension entre « Je » et « Nous » ; que le « Je » puisse grandir, se manifester, prendre sa place dans le « Nous » ; qu'il puisse voler de ses propres ailes, mais au service du « Nous ». Parce qu'il y a des « Je » qui, faute d'en faire partie intégrante, vont utiliser le « Nous » pour se faire valoir, pour exister. Ils vont utiliser la puissance du « Nous » pour servir leur « Je ». On est encore dans la perversion, si on regarde ça au plan individuel.

MULTINATIONALE – PERVERSION ENTREPRENEURIALE

Sur un plan plus large, c'est exactement la logique des « grandes multinationales ». Elles veulent devenir le « Tout » des autres, elles veulent être dans toutes les structures d'intermédiation et préempter toutes vos capacités à vous mettre en lien. Pour vous mettre en lien avec la nature, achetez un abonnement. Vous visitez le pont du Gard, il faut vous payer un ticket. Pour vous mettre en lien avec vos amis, prenez votre téléphone portable. Vous ne pouvez plus descendre dans la rue et jouer au foot avec eux. Se mettre en lien, aujourd'hui, passe par une interface numérique comme Zoom que vous devez utiliser parce que vous êtes enfermé chez vous pendant un confinement.

C'est toute la folie de ces multinationales que de vouloir être dans toutes les interfaces avec le réel. Elles cherchent non seulement à prendre toute la place, mais aussi à manger l'énergie pour la mettre à leur service, à manger les « Je » qui pourraient émerger. Et ça, c'est la logique de la start-up, ce rêve de la Silicon Valley, bien étudié par Éric Sadin – dont nous avons déjà parlé – qui dit que la start-up rachetée par les grosses entreprises, c'est une sorte de « pédophilie entrepreneuriale ». Toute l'énergie, toute l'innocence, toute la capacité de s'élever dans la matière de l'enfance est mangée par ces grosses structures complètement figées, monopolistiques, qui empêchent quoi que ce soit d'exister. Les multinationales sont les figures de perversion narcissique maximales.

LE RÊVE HORIZONTAL ?

Dans cette tension entre le « Je » et le « Nous », certains rêvent d'horizontalité comme à une sorte d'idéal néomarxiste. Mais je crois que c'est un mauvais rêve, parce que cela voudrait dire que personne ne peut dépasser. Ce n'est pas bon parce que le groupe a besoin d'individualités, de gens qui tirent, qui s'affirment et qui se mettent au service du « Nous ». C'est un peu comme dans un bateau. Il faut des gens qui cherchent à mettre de nouvelles voiles et à faire avancer ; et, de l'autre côté, il en faut pour veiller sur le bateau. S'il n'y a que ceux qui veillent au « Nous », le bateau ne sort jamais du port, alors qu'il est fait pour traverser la haute mer, naviguer à travers les tempêtes. Et notre groupe social aussi est fait pour cela. S'il n'y a que ceux qui tirent et s'essaient à toutes les voiles sans veiller au bateau, ils cassent tout, et le navire sombre.

L'enjeu de la permaculture humaine est de faire partie d'un groupe : qu'est-ce que je peux offrir ? Qu'est-ce que je peux prendre ? C'est la double fragilité d'Habermas, que nous avons vue au chapitre précédent, et qui nous rappelle l'interdépendance du groupe et de l'individu. Cela ne servirait à rien d'être tout seul, d'être des « Soi » juxtaposés, dans un narcissisme compulsif éternel. C'est ce qui se passe aujourd'hui pour de nombreux jeunes. Ils vivent seuls. Ils vont vouloir se montrer en ayant des « friends » sur leur profil Facebook, savoir combien ils ont de « likes », sinon ils n'arriveraient pas à exister. Ils vont se prendre en selfies toute la journée, puis vous aurez toujours un petit peu plus de la même chose parce que finalement aucun ne fait quoi que ce soit de sensiblement différent. Il n'y a pas de bifurcation, mais un conformisme maximal. La rançon du *like*, du nombre de vues, mesure aujourd'hui votre ontologie sociale, pour peu que vous fassiez un contenu bien conforme.

Tiens, tiens..., non-initié et traumatisé se rejoindraient dans l'archétype de la postmodernité digitalisée. Voilà l'humain de demain : folie narcissique, assumée dans le monde virtuel et digital ; mais extrême conformité fascisante, dans le réel ?

Être regardé par les autres, faire partie d'un groupe sont des besoins. Il n'y a pas de Soi séparé. L'autre questionne ce qu'on fait pour nous permettre de l'affiner. « Maman, regarde, regarde ! » C'est parce que maman regarde que l'enfant s'applique à faire de son mieux. Si personne ne fait attention, pas la peine de faire mieux. Il y a donc besoin d'horizontalité, besoin de verticalité, et puis besoin de profondeur. Mais qu'est-ce que cette profondeur ?

HORIZONTALITÉ, VERTICALITÉ, PROFONDEUR ET LIMITE

La profondeur, c'est aller puiser dans les sagesses anciennes, dans les sources antiques ; aller dans une voie spirituelle de maturité et de développement personnel. *Spiritualité* est un mot qui fait peur parce qu'il est associé à l'idée de religion. Mais, en fait, il y a des spiritualités laïques, et il n'est pas forcément question de parler de religion, ici, mais de cette spiritualité, au sens de tous ces questionnements sur l'autre, sur l'amour. Pourquoi suis-je là ? Pourquoi je souffre ? Pourquoi vais-je mourir ? Qu'est-ce qu'il y a après ? Qu'est-ce qu'il y avait avant ? Pourquoi est-on sur Terre ? Que puis-je espérer ? Pourquoi ai-je peur ? Toutes ces questions amènent à travailler la profondeur. Et le bout du chemin de ce travail sur la profondeur, sur l'altérité, sur soi-même, c'est d'arriver à définir la limite. Parce que, s'il n'y a pas de limite, l'individu se pense tout-puissant, démiurge de cet univers. Revoilà la même logique que les multinationales ! Le XXIe siècle est là pour structurer la limite. Pas dilué dans le Tout, mais conscient de notre lien au « Nous ».

Je reviens sur l'individuation. La vie est une série d'épreuves initiatiques qui vont nous permettre de nous individuer. D'abord, nous sommes arrachés à notre mère. Il se tisse un fil de relation avec elle. Ensuite, depuis son transat ou son tapis d'éveil, l'enfant va essayer de se relever. Et « bing ! » Il se relève, et... « re-bing ! ». Il se relève encore et toujours pour, finalement, se cogner sur le coin de la table. Au bout d'un moment, il s'est tellement heurté au sol qu'il n'est plus le sol. Il n'est plus en train de mâchonner son tapis d'éveil, en « étant » le tapis d'éveil ! Il est petit d'homme sur le tapis d'éveil, capable de se tenir debout ! Ensuite, quand vous apprenez à nager, vous allez boire la tasse. Vous allez la boire cinquante fois, risquant de vous noyer, d'être emporté par le Grand Tout de l'eau. Mais, à force de boire la tasse, vous allez enfin connaître. Vous allez réussir à nager, flotter, virevolter, faire des pirouettes, être « Soi »... dans l'eau. C'est-à-dire avoir tissé le bon fil de relation avec l'eau.

La permaculture donne des clés, effectivement, sur la façon de faire « interface », de faire corps, de faire « collectif ». Et de faire « individuation » au passage. Cela procède d'essais, d'erreurs et d'adaptations. Ce n'est pas quelque chose qui va de soi. Ce n'est pas donné une fois pour toutes. C'est sans cesse dynamique. Et personne n'a dit que c'était facile.

Dans le collectif Reinfocovid, on apprend en marchant. C'est difficile. Il y a des crises, des difficultés. Il y a des moments où des gens veulent partir. D'autres, où le groupe voudrait voir des gens partir. Il y a des moments où le groupe ne sait plus très bien et ne tient plus que sur sa raison d'être. La raison d'être, c'est la réponse momentanée à cette question : « En quoi ce groupe est-il utile au monde ? » Reinfocovid a, en fait, quatre raisons d'être qui ne cessent d'évoluer : aider nos concitoyens à aller vers la prudence et le courage – sous-entendu, sortir de la peur et de la colère ; aider à rouvrir l'espace du débat démocratique et scientifique – on pense que celui-ci est complètement verrouillé ; proposer une autre politique sanitaire, plus juste et proportionnée ; et surtout – et, en fait, c'est notre première raison d'être – mettre en lien tous ceux qui veulent agir pour une politique juste et proportionnée.

Mais nous nous rendons compte que cela dépasse largement la problématique sanitaire. C'est beaucoup plus grand que cela. C'est refaire une société où on est en lien. Pas une société où on est seul, où on est soi-même une start-up, dans la *start-up nation*, dans le *start-up world*! Tout en étant esclave de multinationales... Non. Prendre soin de soi avant de vouloir prendre soin des autres, avant de vouloir les transformer. C'est travailler dans la profondeur. C'est se heurter au réel.

IDÉAL PROGRAMMATIQUE ET APPRENTISSAGE À MOURIR

Je me suis intéressé à la communication non violente pour mes enfants, parce que cela n'allait pas de soi. Quand mes enfants sont nés, ce fut la fin de l'aventurier autour du monde que j'étais. J'ai fini par comprendre que mes enfants ne faisaient rien d'autre que me rincer l'ego, pour que l'on puisse voir à travers moi comme à travers une vieille chemise qu'on aurait lavée des milliers de fois, et dont on finit par apercevoir la trame du tissu. Ils étaient là pour qu'il n'y ait plus rien, plus de désir, pour que je sois prêt à mourir.

Les enfants sont cette chance-là. Ils viennent nous aider à être prêts à mourir, à partir. Ils sont une occasion à saisir. Une décharge d'amour. Une décharge, comme un gros coup d'électricité dans le corps pour te « rebooter ». Et, à partir du moment où tu es prêt à mourir, la vie prend un nouveau tour. Tu entres dans la compassion. Tu commences à te dire que c'est pour eux que tu as envie que le monde soit beau. Je n'ai pas envie d'un monde où il y a des barrières de tous les côtés, où les gens ont peur, où on met des masques, où on est du bétail pour des industries de l'agroalimentaire, du médicament ou de la Data. Je me suis rendu disponible et je crois que c'est un des éléments de la permaculture humaine que d'être disponible à ce qui survient, d'arrêter de vouloir contrôler, de vouloir prédire, de sortir de ce paradigme du contrôle et du programme. Cela ne se passe jamais comme on en a envie.

Le processus idéal est une vision à l'américaine, une vision comme dans la série télévisée *L'Agence tous risques*, où Hannibal adore les plans qui se déroulent sans accroc en mâchonnant son gros cigare. On est dans cette folie, un idéal programmatique de l'existence où le bébé serait comme on a envie qu'il soit, avec la bonne couleur d'yeux, le bon génome, surtout pas de maladie, et une vie sans accroc. Qu'il soit parfait, sinon on le corrigera. Quoi qu'il arrive, on restera dans une programmation obsessionnelle. Par peur de souffrir. On fera ce qu'il faut... Tout doit se dérouler sans accroc, le plan parfait jusqu'à la fin : un suicide assisté. La cerise sur le gâteau ! C'est une vie passée à ricocher à la surface de la vie. C'est une vie sans rencontre avec le réel.

LA CRISE ET L'OPPORTUNITÉ

On peut ricocher ainsi à la surface de la vie sans jamais vraiment la rencontrer. Mais les crises reviendront. Car les crises sont nécessaires. Christiane Singer, que j'aime beaucoup, fait le grand écart entre une vision très réaliste et très sombre du monde dans lequel nous vivons. Sans fard, sans faux-semblants, elle réussit un tour de force : nous montrer que tout ce théâtre de souffrances et d'ombres suinte le sens. Il est rempli de lumière et d'authenticité. Dans ce monde où tout s'effondre, tout est parfait et vient se reconstruire à neuf. Dans ce livre dont je parle et qui s'appelle *Du bon usage des crises*[5], elle a une phrase qui résonne en moi : « J'ai gagné la certitude que les catastrophes sont là pour nous éviter le pire. »

Quelqu'un d'autre, très belle et que j'aime beaucoup, Lisa Azuelos, alors que nous étions assis en train de discuter pour mieux nous comprendre, m'a dit : « L'idéogramme chinois pour *crise* est le même que pour *opportunités*. » Merci, Lisa, pour ce cadeau.

J'ai rencontré, il n'y a pas très longtemps, Alexandre, journaliste à la tête d'un magazine en Belgique qui s'appelle *Kairos*. *Kairos*, en grec, veut dire « le moment opportun », à saisir, le moment suspendu qu'il ne faudrait surtout pas rater. J'ai 42 ans et, depuis quarante-deux ans, on me dit que c'est la crise. Je n'ai connu que cela, en fait. Donc, il n'y a qu'une question pour moi : « Quand est-ce que je saisis le moment ? » Ça fait quarante-deux ans qu'on me dit : « Va vers la résolution, lève-toi, et fais ce qu'il faut ! » Il y a un travail à faire

---

5. Christiane SINGER, *Du bon usage des crises*, Albin Michel, 2001.

sur l'alignement intérieur, une sorte de trajet vers l'éveil. Il y a ceux qui veulent tordre le monde à l'extérieur, plutôt que d'essayer d'agir sur eux-mêmes.

Je pense qu'il faut commencer par la permaculture intérieure et lutter contre quelque chose de très fréquent : l'acrasie – savoir ce qu'est la vertu et pourtant pratiquer le vice. On sait tous ce qu'est la vertu, ce qu'il faudrait faire..., et pourtant nous ne le faisons pas. Les Grecs avaient appelé *akrasie* l'insuffisance de la volonté, l'insuffisance du travail sur soi. Si on veut lutter contre l'acrasie, il faut se mettre en situation de contrainte. Cela va, finalement, permettre un travail sur soi pour sortir le meilleur de soi-même.

Cette crise est là pour ça, encore une fois, pour nous aider à aller vers le processus initiatique qui nous permettra de devenir ce que l'on doit devenir, au service de quelque chose de plus grand, dont nous sommes les artisans. Je crois que les lecteurs peuvent s'interroger sur ce qu'ils veulent vraiment voir advenir. Dans quel monde veulent-ils vivre ? Le fil rouge de l'humanité est toujours le même : la joie, la beauté, l'amour, le partage, l'humour, la rigolade, la danse, l'aventure, les chansons, les feux de camp partagés, un bon repas, la paix... Sur ce fil tendu, la liberté vacille, et ce n'est pas facile. Parce que la liberté, c'est l'incertitude. Soit vous vivez cette incertitude comme quelque chose de douloureux, comme un manque permanent – il n'y aurait jamais assez de certitudes, jamais assez de contrôle... et il faudrait toujours prendre à l'extérieur ce qui vous manque –, soit vous vous dites que tout est parfait et que tout vous est donné à chaque seconde. Et alors cette incertitude est justement là pour que vous vous en empariez et que vous bâtissiez patiemment, en confiance, un monde meilleur.

Dans la permaculture, vous n'êtes pas là pour tordre ou pour transformer de manière brutale. Vous êtes là pour laisser s'assouplir, laisser grandir le système vivant dans lequel vous êtes, et toujours le complexifier, ajouter sans cesse des choses, et laisser des bifurcations advenir. Vous ne savez pas ce qui va se passer, mais ce qui se passera sera très bien. C'est pareil dans la vie d'un humain ; laisser advenir l'aventure, sans peur, sans colère. Tout est prêt pour que nous soyons heureux.

CHAPITRE 6

ARTS MILITANTS

L'OBJECTIF DE L'ART N'EST PAS LE DÉCLENCHEMENT D'UNE SÉCRÉTION MOMENTANÉE D'ADRÉNALINE, MAIS LA CONSTRUCTION, SUR LA DURÉE D'UNE VIE, D'UN ÉTAT D'ÉMERVEILLEMENT ET DE SÉRÉNITÉ.

Glenn Gould

STÉPHANE

Dans notre vidéo de quinze minutes sur les arts militants, tu nous rappelais que, sous couvert de mesures sanitaires autour de l'épidémie du Covid-19, l'art a été littéralement censuré, étiqueté « non essentiel ». Mais, surtout, combien les artistes militants produisant des œuvres sur les urgences sociétales telles que l'écologie, l'alimentation, les droits de l'homme, les libertés ont plus que jamais leur rôle à jouer. Peux-tu nous en parler plus longuement ?

ÊTRE UTILE À TOUT PRIX

LOUIS

Le sujet de l'art est quasiment passé sous silence. Comme si l'art n'existait plus ; comme si les artistes, tu l'as dit, devenus non essentiels, avaient vocation à crever de cette crise, éradiqués parmi les scories des choses accessoires. Des gens qui ne serviraient à rien !

C'est la logique du néolibéralisme où il faut être « utile », participer à la croissance infinie de la matérialité du monde sous peine d'être considéré comme un parasite qui vivrait sur le budget des autres ! Ce qui est drôle, c'est que, dans le même temps où cette idéologie s'installe dans l'inconscient collectif de notre société, le monde des paradoxes, lui aussi, s'ouvre progressivement. Et les véritables parasites, ceux qui font de l'art contemporain une imposture complète et qui présentent des crottes de chien gonflables énormes aux Tuileries, vendues à des prix exorbitants, sont, en fait, ceux qui reçoivent des commandes de l'État. Ces artistes officiels ne sont pas des contre-pouvoirs. Ils sont « tout contre » le pouvoir. Bien blottis, à l'abri du besoin. Tous ceux qui voudraient échapper à ce modèle de la commande étatique, ceux qui ne sont pas dans la spéculation et qui voudraient vivre de leur propre art, n'ont pas de marché. Ils sont réduits à portion congrue, et sont obligés de faire d'autres métiers pour survivre. Pas de place. Pas de scène. La proposition est la suivante : « Que leur art soit relégué à la sphère privée, qu'il soit un loisir, puisque la vie est un loisir, que tout est futile et que rien n'a de sens. » Voilà cet autre nouvel élément de l'inconscient collectif dominant : nous serions tous un peu artistes, pour peu que nous passions le mardi soir dans une association d'aquarelle ou le samedi après-midi à faire du scrapbooking en regardant des tutos...

ANTENNES SUBTILES

Je crois que c'est l'exact inverse qui est vrai. Nous avons absolument besoin d'artistes dans notre société. Nous avons besoin qu'ils reprennent la place publique. Et, depuis cette place centrale, que les artistes fournissent une capture sensible des nuances subtiles du monde. Ce que je perçois, lors de mes rencontres avec les artistes – et j'en ai découvert beaucoup plus, ces derniers temps, que je n'en avais connu de toute ma vie –, c'est que ce sont des gens qui ont une sorte de super-pouvoir. Ils ont une capacité à être une antenne qui capture des informations fines sur le monde.

Les gens ordinaires comme moi sont pris dans leurs activités quotidiennes. Ils se laissent gaver par les médias pour avoir une vague impression de ce qu'est le monde. Ils se laissent embobiner par leur Smartphone. Comme s'il leur disait mieux qu'eux-mêmes quoi voir, quoi ressentir. Ils n'arrivent plus à être touchés par le monde, parce qu'ils ont trop de filtres et pas assez de temps. Ils ne sont plus sensibles à ces informations. Or ce sont ces informations sensibles qui révèlent les subtilités du monde. J'ai vu beaucoup d'artistes à fleur de peau, mis à nu par cette crise, comme frottés au papier de verre ou à la toile émeri, avec tous leurs sens exacerbés, ressentant l'injustice, la destruction du monde, de la nature, du tissu social, l'augmentation des inégalités...

On installe des antennes 5G partout pour « mieux communiquer », mais nos antennes capables de comprendre les mouvements imperceptibles du monde émotionnel que sont les artistes, nous les sacrifions sans rien faire. Toujours cette même logique de remplacer les humains par des systèmes simplistes, techniques et numériques.

PENSÉE COMPLEXE

Edgar Morin et sa « pensée complexe » nous rappellent que les choses ne sont pas blanches ou noires, qu'elles ne sont pas si simples et polarisées que ce que les médias dominants veulent bien nous faire croire. Il ne s'agit pas d'être pro ou anti. Vous auriez des pro-vaccins qui, quoi qu'on leur « fourgue », s'il y a marqué « vaccin » dessus, vont le regarder avec gourmandise et s'en emparer, sans même regarder la notice ou vérifier qui le leur donne. C'est idiot. N'importe qui s'en rendrait compte, avec un tout petit peu de recul.

À l'inverse, il y aurait des gens qui sont « anti-tout », qui vont dire qu'ils ne croient plus à rien et qu'il faut faire voler en éclats le système. Mais ce serait tout aussi idiot, car le chaos ne profiterait à personne...

Cette courte introduction à ce chapitre pour dire que nous avons plus que jamais besoin des artistes, dans un système qui trouve cohérent de les détruire ! Les artistes sont présents dans tous les champs du monde sensible. Il y a ceux qui sont plutôt auditifs, plutôt visuels, plutôt kinesthésiques, d'autres qui vont mélanger un peu toutes ces dimensions sensorielles. Il y a même des « artistes gustatifs », ceux qui font la grande cuisine. Les candidats à l'Art officiel passent des concours, répondent à des appels d'offres, et, finalement, une poignée d'entre eux va être sélectionnée. Tous les autres n'existent pas, et sont éliminés.

STARTUPPER DE LA RÉVOLTE

C'est bien la « start-up soi-même, dans la *start-up nation*, dans le *start-up world* » qui est devenue le paradigme ! Les multinationales et le monde de la finance se nourrissent de l'impulsion et de l'énergie individuelle. Ils la mangent. À ce titre, il y a un très bon épisode de la série *Black Mirror* où quelqu'un se rebelle contre un système où les gens doivent pédaler toute la journée pour obtenir des crédits qui leur donnent le droit de vivre [sic] et de passer un concours qui, croient-ils, leur permettra de se voir assigner une fonction dans la société.

Ce rebelle, un homme noir *(Black)*, prend un morceau de miroir *(Mirror)*, le colle sur son cou en menaçant de se tuer, crie qu'il faut sortir de ce système absurde. En fait, dans le scénario, il est immédiatement réabsorbé par le système. Toute son énergie est mangée. On lui confie une émission dans laquelle il va pouvoir se « rebeller officiellement ». Il y a aussi cette jeune femme très belle, avec une histoire d'amour qui se noue à l'intérieur de cette névrose. Elle est amoureuse, passe le concours de vie devant trois juges qui lui assignent sa fonction dans cette société : actrice porno, l'éloignant de son amour, confinée, isolée, des jours entiers sans lui. C'est l'illustration terrible de toute la subversion, de toute la perversion possible de ce qu'il y a de plus beau en l'humain par le système néolibéral digitalisé.

COURT-CIRCUITER

Je perçois l'art comme un court-circuit potentiel, et c'est pour cela que nous en avons besoin. C'est aussi pour cela qu'il est dangereux. On l'a vu dans toutes les dictatures – que ce soit le nazisme ou en Allemagne de l'Est, dans la Chine communiste ou dans la Russie soviétique. L'art militant, profondément, pour les fascistes, ne devait pas exister. Certains sont aspirés par le système et deviennent les « artistes officiels ». On leur passe commande. Ils font leurs trucs techniquement très bien, mais il n'y a plus d'énergie. Il n'y a plus de vitalité. Et surtout, il n'y a plus de contestation. Il n'y a plus de court-circuit de la pensée dominante, de la doxa.

Qu'est-ce que j'entends par « court-circuit » ? On essaie de nous faire comprendre le monde dans une intellectuation numérique où des courbes, des chiffres nous permettraient d'appréhender, par la tête, la réalité quotidienne. Ces données seraient plus vraies que tout ce qu'on peut ressentir, voir, entendre ! Ce que disent BFM, les graphiques, l'Académie de médecine serait plus vrai que la réalité, que ce que nous vivons au quotidien ! C'est comme si on nous avait branchés une dérivation numérique pour connaître le monde. La vocation de l'art est de court-circuiter cette dérivation, de faire voler en éclats cette façon officielle de concevoir la vérité. C'est de l'art, il shunte. Il existe une vérité qui ne passe pas par la tête, mais qui passe directement par le cœur et le ventre !

C'est drôle, parce que cela rejoint l'idée des neuroscientifiques modernes, qui avancent que nous avons plein de neurones dans le cœur et dans l'appareil digestif. Quand on compare la vitesse à laquelle on capture une information en termes de millisecondes de transmission synaptique, on s'aperçoit qu'elle arrive plus rapidement au cœur et au ventre qu'au cerveau. Si on montre une image un peu effrayante et qu'on mesure l'activité électrique dans le cœur, dans le cerveau, dans le ventre, ça commence par le cœur et ensuite seulement ça passe dans la tête. C'est étonnant parce que cela pourrait nous faire penser à ce qu'on appelle communément « l'intuition ». Peut-être n'avons-nous pas qu'un fonctionnement cognitif, avec un gros lobe frontal d'hominidés modernes, et que nous avons un peu plus que notre gros cerveau pour appréhender le monde...

GOUVERNER ET PRÉDIRE, OU RESSENTIR ET S'AJUSTER ?

STÉPHANE

Ne dit-on pas que notre ventre est notre premier cerveau ?

LOUIS

Oui, justement, certains scientifiques modernes parlent de plusieurs cerveaux, de réseaux de neurones un peu partout et qu'en effet le tube digestif et le ventre seraient nos premiers récepteurs d'information. Mais ce savoir – qui commence à être bien essaimé au niveau profane auprès du grand public, par les magazines féminins, chez le coiffeur –, c'est un peu comme s'il n'existait pas encore chez les médecins. Comme si cela ne cadrait pas tout à fait suffisamment avec notre modèle théorique de la nature et du monde, et surtout avec notre modèle économique. Et, plutôt que de revoir notre modèle, on préfère nier l'évidence. On voudrait toujours qu'il y ait un gros cerveau central qui commande et prédise tout.

C'est le paradigme rigide qui consiste à gouverner, prévoir, contrôler et avoir un programme, alors qu'en fait le paradigme de la nature – celui que l'on observe dans la permaculture, dans un jardin – consiste plutôt à ressentir et à s'adapter. Ce n'est pas l'arbre qui décide, qui dit à la mésange : « De telle heure à telle heure, tu vas voler d'ici à là ; et vous, les champignons aux pieds, de telle heure à telle heure, vous allez transmettre le message jusqu'au mimosa à côté… » Non, dans la nature, ce n'est pas comme ça. Il n'y a pas un chef qui décide. Tout le monde est inter-relié et passe son temps à palper, à ressentir, à proposer quelque chose, à voir quelle est la réaction en face et à s'adapter en permanence à ce qui survient. C'est l'un des grands apports de la permaculture, à mon avis, que de sortir du paradigme du gros cerveau qui gouvernerait l'ensemble du corps, pendant que tous les autres organes seraient des esclaves à son service. Cela ne fonctionne pas ainsi.

SAVOIR OU CONNAÎTRE

L'art crée donc un court-circuit dans le cœur et dans le ventre, qui nous permet de comprendre et connaître les choses autrement. Il y a une grande différence entre recevoir une information et la connaître. Avoir de l'information, c'est juste un message qui nous passe au travers et qui va rentrer dans le cerveau. « Co-naître », c'est « naître avec », c'est renaître avec. C'est se transformer à nouveau, avec cette information qui est venue à nous. Mais, pour la connaître, il faut la vivre, c'est-à-dire la ressentir et se transformer, au passage. Or il y a des gens pour qui l'information est juste de l'information. Elle vient incrémenter un disque dur. Leur cerveau est un disque dur. Ils ont l'information, mais jamais elle ne passe la barrière du disque dur pour aller transformer leur vie profonde, leur vie de relation. On voit des gens qui savent, par exemple, que le masque ne sert à rien dans la rue, mais qui le mettent quand même. Cela ne change pas leur pratique, leur vie. Il y a ceux qui disent : « Oui, il est important de bien manger, de faire attention, de connaître la provenance de la bête, de savoir comment elle a été traitée, comment elle a été sacrifiée, si on lui a donné de la gratitude ou pas, qui est l'agriculteur qui l'a élevée. » Pourtant, ils vont continuer à acheter de la viande sous cellophane au supermarché. C'est moins cher ! Donc il y a une énorme différence entre « avoir de l'information » et « connaître ». C'est encore une illustration de l'acrasie grecque dont nous avons déjà parlé ; l'insuffisance de la volonté, qui est un sujet sur lequel on doit se pencher vraiment sérieusement.

STÉPHANE

Fais ce que je dis, mais pas ce que je fais ! Cette incohérence est tellement banalisée. Moi, le premier, je fais vraiment quotidiennement un travail pour que mes mots soient en phase avec mes actions. C'est la recherche de la cohérence...

LOUIS

Tout à fait ! Cette idée de cohérence, de « s'aligner intérieurement » – on entend souvent cette expression : « Est-ce que je suis en accord avec ce que je ressens, avec ce que je veux vivre ? » Et avec le fait de garder le fil rouge : « Qu'est-ce que je veux vivre ? Est-ce que je veux être un rouage d'une industrie prédatrice sur le monde ? Est-ce que je veux être un rouage d'un système totalitaire où je serai transformé progressivement en bétail, parce qu'on passe son temps à me faire peur et à me dire que je vais mourir si je ne respecte pas les injonctions ? » La réalité est que je vais mourir un jour. La mort est assise sur mon épaule gauche en permanence (c'est une référence à Carlos Castaneda[1]). Chaque fois que je tourne la tête, je me dis : *« Elle est là ! Et si je vivais cette vie comme si chaque jour était le dernier ? »* Cela change un peu ta façon de faire. En général, tu es un peu plus courageux.

STÉPHANE

Personnellement, cela m'apporte un équilibre. C'est la clé du bonheur, mais je n'ai pas étudié les textes spirituels...

LOUIS

Tu n'en as pas besoin ! Ce qui est important, c'est une pratique quotidienne. Le présent est la porte. La pratique est la clé. Créer une pratique. L'art est une pratique quotidienne. Dans l'idée d'art, il y a l'idée d'artisanat, d'exercer ses mains sur la matière, de la transformer. C'est pour ça que l'artisanat et l'art sont très proches. L'humain est fait pour transformer la matière. C'est profondément ancré en nous. C'est être soi-même, puis être en interaction avec la matière, avec le monde dans lequel on vit.

À notre époque, il est plus facile, pour beaucoup de gens, de créer une chaîne YouTube ou de faire un dessin avec des outils numériques que de prendre un papier et un crayon et d'écrire un poème. C'est paradoxal. On a donné notre capacité

1. Carlos CASTANEDA, *Le Voyage à Ixtlan : les leçons de don Juan*, Gallimard, 1988.

d'interagir avec le monde à des multinationales, à des systèmes techniques, numériques. Quand les gens commencent à aller mieux, ils font un travail intérieur de cohérence. Très souvent, cela débute par une expression artistique : écrire un roman ou ses mémoires, faire du coloriage, du dessin, jouer avec le chatoiement des couleurs, reprendre la musique... Cela peut passer également par des modes d'expression qui impliquent un rapport plus direct avec la matière brute : faire un jardin, mettre des fleurs sur son balcon, faire germer une graine, etc. On retrouve cela chez les permaculteurs et les autonomistes. Prenez quelqu'un comme Barnabé Chaillot qui explique, sur sa chaîne YouTube, entre autres, comment être autonome en énergie et qui fabrique des *rocket stoves* (ou « poêles dragons »), qui fait du moulage au sable, etc. Plus il grandit en compétences, plus il fait, plus ça sert à autre chose, qui sert encore à autre chose. C'est un cercle vertueux créatif.

COMMENT WANG-FÔ FUT SAUVÉ

Je crois que ce avec quoi doit renouer l'art, c'est la certitude qu'il n'est pas vain. L'art n'est pas vain. Il mène à une transformation profonde de notre monde. Je voudrais rappeler à nos lecteurs ce beau conte de Marguerite Yourcenar qui s'appelle *Comment Wang-Fô fut sauvé*, que j'ai lu, enfant. Je vous le restitue comme il me revient, sûrement imparfaitement, mais peut-être cela vous donnera-t-il l'envie de le lire. Wang-Fô est un très grand peintre de la cour impériale chinoise qui peint tellement bien qu'on a l'impression que ce qu'il peint, c'est le réel. S'il peint une envolée d'ibis rouges, la jungle, les montagnes bleues de Chine, on a l'impression d'y être. Dans ses œuvres, le moine qui avance, son petit baluchon sur le dos, sur un sentier, pour aller méditer en haut de son rocher est tellement saisissant de réalisme qu'on se prend à avancer avec lui sur le chemin. Il peint tellement bien que c'est insupportable pour l'empereur. Il va décider de se débarrasser de Wang-Fô. Il compte le tuer. Mais, avant, il lui demande un grand œuvre, un chef-d'œuvre. Marguerite Yourcenar écrit très bien, avec des phrases qui ressemblent à des stances latines dans leur construction, dans un français très dense. C'est très agréable. À la fin, Wang-Fô disparaît. Mais, en fait, on le retrouve dans son chef-d'œuvre. Il est parti dans sa création. Il est sauvé !

Cela est comparable à la fin de *Brazil*, de Terry Gilliam, qui est un film absolument majeur. Il décrit une dystopie totalitaire techno-industrielle où il n'y a plus de liberté individuelle. Ce serait un peu dans la lignée de *1984*, et un peu les prémices de Damasio. À la fin, le personnage principal est torturé. Il est interrogé sur la résistance, les résistants, les terroristes, etc. Il est dans une grande chambre de torture, et il est soumis à la question par son ami d'enfance. Il y a cette chanson[2] : « Braaaazil, I am going to see you in June, la la la la la la la... » Et là, on entre dans sa pensée, il est en camion avec celle qu'il aime dans un paysage verdoyant – alors que c'est une société avec de la fumée partout, des grosses voitures, des autoroutes, vraiment une atmosphère complètement étouffante. Une forêt s'ouvre soudain sur une adorable petite maison. Une douce fumée sort de la cheminée de la chaumière. Pour la dernière image du film – qui n'apparaît pas dans la version américaine parce que jugée trop dure –, la scène s'ouvre de nouveau dans la salle de torture. Sam Lowry, le héros, a le regard perdu dans le vague et chantonne : « Braaaazil, la la la la ». On comprend qu'il est devenu fou et qu'il s'est échappé dans son monde onirique intérieur.

Rien que d'en parler, cela me secoue un peu d'émotion, parce que cela me rappelle ce que les gens me demandent souvent : « Comment allons-nous nous sortir de tout ça ? » Je crois que c'est à nous de créer, d'inventer, par l'art, notre refuge. Une partie de l'art, aujourd'hui, est là pour contester, pour dénoncer ce qui se passe, mais l'art le plus militant est peut-être celui qui propose de la beauté, de l'élévation et un endroit où se réfugier pour passer le cap de ce déferlement totalitaire.

---

2. Il s'agit d'*Aquarela do Brasil*, composée en 1939 par Ary Barroso, un compositeur brésilien. C'est de cette chanson qu'est tiré le titre du film.

STÉPHANE

J'ai passé l'après-midi, hier, avec Shadi Alzaqzouq, un artiste palestinien, de Gaza, qui me disait qu'après les onze jours de guerre qui viennent d'avoir lieu, il a reçu de nombreux messages, des prises de contact, des invitations, des projets d'exposition. Comme HK, qui est aussi très sollicité. C'est dans les périodes difficiles que les artistes militants ont leur rôle à jouer, et que l'œuvre prend tout son sens…

LOUIS

Plus que jamais ! Et quand on dit qu'ils sont inutiles, il faut bien regarder qui nous le dit. Ceux qui, justement, s'accrochent au système tel qu'il est. À ce système qui amène de la souffrance, de la violence, de la disqualification sociale et de l'appauvrissement collectif pour l'enrichissement de quelques-uns. Il faut peut-être que les artistes se réconcilient avec eux-mêmes et que nous nous réconciliions aussi avec eux, nous tous, les gens soi-disant « essentiels », occupés, qui produisent dans la grande machine industrielle. Et il faut que nous mettions un peu de notre argent, un peu de notre énergie à payer à son juste prix, à sa juste valeur, la contribution artistique. C'est arrivé, d'ailleurs, pendant cette crise. On n'a jamais vu autant de *crowdfundings* (de financements participatifs), autant de dons. On n'a jamais vu autant de gens, alors qu'ils n'étaient pas forcément très riches, devenir mécènes. La contribution collective a généré une force très importante, alors même qu'on cherchait à diviser les humains. Par le fait de créer une tirelire à plusieurs pour donner, chacun, quelques euros, des artistes peuvent vivre, et nous offrir des refuges.

REGARDER ET LAISSER ADVENIR – LE NON-AGIR

STÉPHANE

C'est proche de la permaculture humaine ?

LOUIS

Oui, tout à fait. On en revient à cette idée de la contribution individuelle au groupe. Servir le « Nous ». L'artiste a une responsabilité dans ce qu'il nourrit. Est-ce qu'il est en train de nourrir un « Nous » qui reste le même parce qu'il n'est que dans la contestation, ne fait que dénoncer ? À mon avis, dans ce cas, il maintient l'ennemi. C'est de l'action-réaction… Quand vous vous appuyez contre un mur, celui-ci vous tient, mais vous tenez le mur aussi. Et si vous essayez de pousser, pousser, pousser contre le système, celui-ci s'appuie aussi sur vous ; et vous ne vous en sortez pas ! Pour moi, la bonne voie du combat, c'est celle du non-agir. Regarder ! Commencer par regarder – c'est ce qu'on nous dit en permaculture. Passez trois ou quatre ans à regarder le rythme des saisons de votre jardin. La plupart des gens qui commencent un jardin veulent immédiatement planter de nouveaux arbres, mettre une butte de culture à tel endroit, sans avoir forcément pris le temps de regarder quelles étaient les énergies en présence.

STÉPHANE

Déjà observer les quatre saisons, la première année...

LOUIS

Exactement. Utiliser notre antenne inutitive, de manière sensible. Où passent le soleil, le vent, l'eau ? Quelles sont les poches d'humidité, de froid, de chaud ? Où se sentent-ils bien, tout simplement ? C'est peut-être l'endroit où l'on va installer une table de jardin... C'est aussi un exercice quotidien d'alignement que d'arrêter de lutter, mais plutôt de « contribuer à » ou « d'être avec » !

Je reviens à l'idée de non-violence que je vois avant tout comme un exercice avec l'autre et avec la matière, renouvelé chaque jour. C'est un défi quotidien où l'on va chercher à te provoquer, à aller gratter la violence en toi, à aller chercher tes limites...

Ces cinq derniers jours ont paru pas moins de six articles diffamatoires à mon sujet, m'accusant d'être « un dangereux gourou sectaire, incompétent, complotiste d'extrême droite, tenant des propos nébuleux, qui répandrait des contre-vérités scientifiques et médicales, et appelant à la violence ». On souffle un grand coup ! Les gens qui écrivent cela, en fait, sont mes petits-maîtres. Ils sont là pour m'apprendre la pure patience, pour m'apprendre à mieux regarder. Et ils tomberont, eux-mêmes, de leur propre violence.

J'aimerais développer cet art qui serait une pratique quotidienne, un art du mouvement. Je pense aux arts de la danse, aux arts martiaux… Morihei Ueshiba, le fondateur de l'aïkido, parlait d'« art de la paix », pour sa discipline. Il y a tout un petit livre d'aphorismes – vous reconnaîtrez, sur sa couverture, le motif qui a inspiré le rond central du logo de Reinfocovid. Dans *L'Art de la paix*[3], nous n'attaquons jamais. En revanche,

3. Morihei Ueshiba, *L'Art de la paix*, Guy Trédaniel éditeur, 2000.

nous ne refusons jamais un défi. Et l'ennemi ne doit jamais tomber ou mourir d'autre chose que de sa mort naturelle, qu'il ne sert à rien de précipiter. Il faut juste accepter de danser avec le réel. La non-violence est un art du mouvement où il s'agit d'être suffisamment bien structuré – cet alignement intérieur dont nous parlions tout à l'heure –, tout en acceptant d'être en relation avec l'autre. L'autre va passer son temps à essayer de me faire sortir de mon alignement, de bouger, d'explorer d'autres dimensions. Mais peut-être que, ce faisant, il va m'apprendre des choses sur ma capacité à rester en équilibre, sur ma capacité à trouver mes limites, sur ce qui est vraiment important pour moi. En ce sens, je pourrais presque dire merci à ces journalistes calomniateurs. Ils me permettent de confirmer, bien malgré eux, l'importance d'une valeur essentielle que j'ai faite mienne depuis longtemps et qui leur est inconnue : « Que ta parole soit impeccable ! »

Je suis un des porte-parole du collectif Reinfocovid, on l'a vu. Porte-parole de 30 000 personnes ou plus, qui ont mis en commun leurs désirs, leurs besoins, leur soif de vérité et de lien. Au-delà des raisons d'être de ce collectif, il y a une posture que nous avons mis quelques semaines à développer, qui est celle, donc, de la non-violence. Celle de sortir de la colère pour aller vers le courage. De sortir de la peur pour aller vers la prudence. Nous avons aligné notre posture sur cette idée de non-violence, entendue comme la capacité à créer un rapport de force avec le système et avec le pouvoir, pour en faire jaillir un dialogue et une créativité.

J'aborderai la notion de *friction* plus longuement dans le prochain chapitre, mais ce qui est important ici, c'est vraiment cet exercice quotidien qui consiste à se mettre en friction avec le système tel qu'il est, tout en restant dans la non-violence. C'est ce qui est le plus fécond. Si jamais on se bat et qu'on essaie de casser l'autre, l'autre essaie de nous casser encore plus, et on ne fait que détruire. Si l'on essaie de fuir, on est toujours rattrapé, et rien ne se passe. Alors que, quand on se frotte et qu'on garde le contact, la créativité peut jaillir. D'emblée, nous avons dit qu'il était très important pour nous de ne pas avoir un rapport au réel qui soit uniquement scientifique. On est là pour vulgariser et faire de l'éducation populaire à partir d'articles scientifiques, mais aussi pour essayer de réunir des témoignages de réalité.

On a tout un groupe qui s'est créé au début avec des orthophonistes – et je remercie au passage Anne-Gabrielle, Fiona, Salima, Sandrine et tous ceux qui les ont accompagnées – qui ont recueilli les témoignages des gens, de toutes leurs souffrances liées au Covid pour essayer d'en faire accoucher le point clé, celui qui les titillent le plus. Et, en amont, elles avaient déjà l'idée que cette souffrance-là, une fois qu'on l'avait trouvée, il fallait la transformer en quelque chose de constructif. Et ce quelque chose, constructif, est une réflexion artistique. Être créatif, faire œuvre à partir de tout ça. Pour ce faire, nous avons besoin des artistes. On a vraiment besoin de ces témoignages sur le monde et de cette antenne sensible, évoquée précédemment, cette « 6G de la réalité » que sont les artistes. Nous avons créé un cercle où Tatiana recueille toutes ces contributions artistiques. Elle a recueilli celle de Mihuma, par exemple, et de plein de gens que je ne peux pas citer ici tellement il y en a. Mihuma est quelqu'un qui a énormément à dire, d'une intelligence et d'une imprégnation culturelle beaucoup plus vastes que celle d'un enfant de l'Occident. Il est riche de plein d'autres bagages et de mémoires ancestrales qui lui donnent de la clarté dans le regard. Je suis très admiratif de ce qu'il fait et de la façon dont il le fait...

Nous avons voulu Reinfocovid comme un média qui ouvre la porte à des artistes d'une façon différente. Nous avons commencé à faire des transitions en direct dans nos émissions, avec des gens qui chantent ou qui montrent des œuvres. Nous n'allons pas faire comme dans les médias mainstream où tout est millimétré par un algorithme, ni passer un jingle qui a été fait par une agence de communication. Au contraire, les artistes disent ce qu'ils ont à dire. Il y a Nicolas, qui fait ses images qui se transforment au fur et à mesure, et Guillaume qui fait des morceaux de musique qui vont bien avec... On essaie de faire en sorte que l'art parsème l'ensemble de notre action. On réfléchit beaucoup aussi à l'identité graphique. Je vous ai dit que les bulles de Reinfocovid ne viennent pas de nulle part. Elles viennent de l'Université du « Nous ». On a retravaillé ce graphisme en y adjoignant le symbole de *l'Art de la paix*. Nous cherchons à ce qu'il y ait de la beauté dans tout ce que nous faisons. On fait ce qu'on peut, et peut-être que, parfois, ce n'est pas si beau. Mais toute notre production médiatique consiste à donner la parole à des gens qui n'en ont pas l'habitude. Nous agissons aussi dans le réel. Erik, Ingrid et tous ces gens qui sont allés faire la Tournée fantastique[4] ou la Marche fantastique. D'autres encore, à venir. HK, que tu connais bien,

---

4. Tournée en 2021 de concerts musicaux, malgré les interdictions dans toute la France. D'abord dans la rue, puis sous la forme de tournages – seule possibilité de contourner les interdits et les mesures sanitaires idiotes.

l'a fait aussi de son côté ; pas avec Reinfocovid, et c'est très bien. Il faut qu'il y ait cette biodiversité. Tristan Edelman a fait un flashmob, tout récemment, avec sa compagne, Barrueco et tous les autres… Tout le champ de l'humour aussi et de la joie. Ils sont allés réinvestir le réel dans les niches où ils pouvaient le faire. Un peu comme ces herbes folles qui poussent au coin des rues, dans les angles des murs, dans les fissures, au printemps. Parfois, il y a des coquelicots, des plantes magnifiques qui sortent, comme un pied de nez au béton. C'est une source inépuisable de joie et d'admiration de la nature et de l'humain qui en fait partie.

Ce qu'a fait Erik, par exemple, c'est de dire : « On m'interdit les concerts, je peux donc jouer dans la rue. Eh bien, O.K., je vais jouer dans la rue. » Mais, ensuite, les concerts de rue ont été interdits. Alors, il s'est dit : « Je peux faire des clips parce que, sur les tournages vidéo, on fait ce qu'on veut. » Donc, aujourd'hui, il fait des vidéos. Il a développé une sorte de mode d'emploi pour que les musiciens puissent s'exprimer à l'intérieur de ce système vérolé, plein de béton, de plastique et de contraintes. Les pousses de la beauté, de l'art et de la joie sont là.

Quand vous écoutez tous ces artistes chanter, vous avez envie de rester à côté d'eux et de faire cette très ancienne pratique ancestrale : rester ensemble autour d'un feu de camp, le soir ! Ce truc paléo, très profond dans la mémoire, où des humains autour du feu chantent l'histoire du monde et la racontent. Les artistes ont définitivement toute leur place. Ils vont investir chaque coin du réel pour le rouvrir, occuper les fissures et offrir des espaces vers lesquels on peut s'échapper, comme le peintre Wang-Fô, qui s'est sauvé !

De gauche à droite : Tatiana, Roxane, Giulia, Ingrid, Tristan, Barrueco, Erik, Mihuma

CHAPITRE 7

ET DEMAIN ?

LE MONDE QUI MARCHAIT SUR LA TÊTE EST EN TRAIN DE REMETTRE SES IDÉES À L'ENDROIT.

Coline Serreau

STÉPHANE

Peux-tu nous exprimer tes idées pour demain ?

LA QUÊTE DE L'IDÉAL

LOUIS

C'est bien de se lancer dans cet imaginaire-là. Parce que, souvent, on est en réaction. On aurait envie de se défendre contre ce qui nous agresse. Juste de péter toutes les chaînes qui semblent nous entraver. Parfois, on veut juste fuir. Mais fuir où ? Le délire traumatique est mondialisé.

Christiane Singer a écrit un livre intitulé *Où cours-tu ?*[1]. Elle y explique que la névrose collective est cousue en nous. Impossible de fuir. On reproduira ailleurs les mêmes catastrophes. Mais il est difficile d'oser poser une intention ambitieuse pour un réel désirable. Je parle souvent de ce qui pourrait nous réunir tous. Vous vous souvenez ? Cette « protension collective positive » qui nous unirait. Il faut poser le rêve ensemble d'un futur désirable, se dire, chacun et ensemble, vers quoi nous avons envie d'aller. C'est le seul moyen de réunir une société qui s'effiloche. Trouver le point d'intersection des possibles de chacun et de tous.

1. Christiane Singer, *Où cours tu ? Ne sais-tu pas que le ciel est en toi ?*, Le Livre de poche, 2003.

Vous vous souvenez du discours intitulé *I have a dream*, de Martin Luther King? Vous vous souvenez de la chanson *Imagine* de Lennon? C'est marrant parce que ça fait partie d'une technique d'animation de groupe qui existe et qui s'appelle « le rêve du dragon ». Tu commences par essayer de poser le futur comme tu aimerais qu'il soit. Le mieux possible, et tout est possible, le rêve complet. Le groupe pose ce but imaginaire parfait. Comme une vision miraculeuse. Quelque chose à chérir, que tu peux serrer sur ton cœur dans les coups de mou. Après, tu reprends le réel de maintenant et tu dis: « O.K., comment on fait le chemin entre les deux? » Que serait le rêve du dragon? Que serait l'idéal, le mieux possible? Quels éléments clés pouvons-nous ouvrir ensemble? Maintenant. Ici et maintenant. Allons-y. *Yallah!* Dans tous les champs culturels, on voit fleurir cette idée de renouer avec l'utopie. D'ouvrir le champ des possibles des imaginaires.

Je pense à un Indien, très drôle, plein d'humour et de finesse. Il a proposé, l'année dernière, une espèce de formation gratuite pour les professionnels de santé qui avaient participé au Covid. J'ai suivi le premier cours, pour voir. Et j'ai retenu quelque chose. Il propose un exercice : « Tous les soirs et tous les matins, posez cette intention : vous seriez, vous, parfait. Le mieux que vous pouvez. Et constatez qu'en fait vous butez seulement sur vos croyances limitantes. Tous les jours, vous allez vous dire : "Ah non, ça, quand même, je ne pourrai pas." Non, non. Remettez-le sur le métier, tous les matins et tous les soirs. Vous êtes parfait. Ensuite, après avoir posé cette intention pour vous-même, comment seraient les interactions avec les autres, avec les amis, les adversaires, les gens entre les deux, pour que ce soit parfait, pour que ce soit le mieux possible ? Puis, là encore, constatez que vous allez buter sur vos croyances limitantes : "Est-ce que je peux me réconcilier ? Non. On ne se parle plus, c'est plus la peine." Non, non, non, recommencez tous les matins et tous les soirs. Imaginez la réconciliation. Imaginez ce chemin. Et puis, enfin, pour la fin de cette sorte de méditation ou de prière, ou d'intention posée sur le monde – appelle ça comme tu veux – "comment le monde autour de nous pourrait être parfait ?", Vraiment le meilleur monde que je voudrais. Tous les soirs et tous les matins, rêvez à ça. »

Je crois que c'est ce que nous devons faire. C'est un vrai travail créatif, à la fois personnel et collectif, qu'il faut entreprendre. Ce travail a tout à la fois trait à la poésie et à l'art. On en parle parce qu'on est ensemble et que ça me touche. Je rencontre de nombreux artistes qui sont à fleur de peau sur le monde tel qu'il est. Ils sont hypersensibles et, en même temps, ils sont capables de formuler une autre proposition. Alors que l'humain néolibéral mondialiste transhumaniste contemporain moyen n'est rien capable de formuler du tout. Il est pris comme un zombie dans les phares de la doxa dominante scandée par les médias. Et il fait ce qu'on lui dit. Il est docile. Il a perdu tout pouvoir créateur. Il ne fait que se mettre en conformité à l'hétéronomie. Les artistes, eux, sont encore capables de rêver. Rêver dans toutes les dimensions. Rêver en chansons, rêver dans l'écriture, rêver visuellement et graphiquement, rêver dans l'animation et le mouvement du corps, dans la danse.

POLITIQUE SANITAIRE

Je vais commencer par un truc très pragmatique. Et où j'ai probablement plein de croyances limitantes qui freinent ma capacité à l'idéal. D'abord et parce que c'est tangible pour tout le monde et que ça peut servir de premier défi pragmatique à notre groupe socioculturel, il y a la politique sanitaire Covid sur laquelle j'aimerais poser une intention. Évidemment, c'est seulement un rêve. Je ne me permettrais sûrement pas de donner des recommandations thérapeutiques, dans le contexte actuel de pression par l'ordre des médecins [rires]. Je ne fais que partager des envies pour demain.

Alors je voudrais une politique sanitaire plus juste et plus proportionnée. En tant que soignant, c'est la principale chose dont j'ai envie tout de suite. Parce que, actuellement, elle est à côté de la plaque à propos de l'épidémie. J'ai d'abord envie qu'on se préoccupe de prévention et d'immunité. Les gens ont été maintenus dans le stress, la malbouffe et l'isolement. Le stress est un facteur de maladie chronique et dysimmunitaire bien connu. Il est sous-jacent à toutes les pathologies chroniques qui constituent les facteurs de risque de forme grave du Covid. Nous avons besoin les uns des autres. Le lien social est un facteur pronostique de survie. Ce n'est pas seulement un loisir. Ça permet de vivre plus longtemps. Donc exit la « distanciation sociale » du vocabulaire marketing de l'État. Exit les Ehpad bunkerisés et les visites interdites. On peut tout à fait avoir une distanciation physique raisonnable, sans laisser mourir les personnes âgées et les jeunes de tristesse, d'abandon et de solitude.

La nourriture, ensuite. Notre alimentation devrait être notre première médecine. Il y a cette blague, tu sais, où on dit avant le repas : « Bon, on va plus se souhaiter bon appétit. On va se souhaiter bonne chance... » Il y a à faire pour privilégier des circuits courts en bio local et de saison sur des exploitations en agroécologie et en permaculture avec une juste rétribution des paysans, avec un renouveau de l'emploi dans le secteur agricole, en privilégiant l'humain, la traction animale et le lien social. Et en arrêtant le mythe poussiéreux et artificiel en toc de la mécanisation-digitalisation à outrance du secteur agricole. Il y a vraiment à faire au niveau législatif pour arrêter les industriels de nous intoxiquer à coups de sucre et de saloperies. Quelques lois bien placées. Quelques vrais contrôles. Un renouveau de la culture du bien-manger, avec des produits sains. La détection et la prévention des carences vitaminiques. Avec une proposition en phase épidémique d'une supplémentation en population générale en vitamine D, vitamine C et zinc. La prise en soin des pathologies chroniques, facteurs de risque de formes graves : hypertension artérielle, obésité et surpoids, diabète, immunosuppression. Remettre ces pathologies de civilisation au cœur de la discussion publique pour mesurer à quel point elles sont des stigmates de notre rapport désaccordé au vivant autour de nous. Utilisation de toutes les ressources de l'allopathie et des médecines intégratives pour aider à améliorer l'état de santé de nos populations à risque. On pourrait rêver d'une démocratisation des savoirs en botanique, et sur les plantes médicinales pour commencer. Il existe de nombreux remèdes naturels disponibles. Je n'en dis pas plus ; les scientistes veillent et ont perdu leur savoir sur ces sujets. Pas de *screening* ou de pass sanitaire, ou quoi que ce soit de ce genre. Ils constituent une entrave à la liberté, au nom d'une frayeur sanitaire, et la porte ouverte à un déferlement paranoïaque. Pas de test de dépistage en population générale. Mais l'utilisation raisonnée du test diagnostique par les médecins formés sur ses limites. La proposition pour les gens à risque de porter, en lieu clos avec du monde, un masque FFP2. La recommandation à tous de se laver les mains régulièrement avec de l'eau et du savon, en arrêtant le délire du gel hydroalcoolique. Et puis ce point clé qui me touche énormément : laisser les enfants à l'enfance, cesser de les culpabiliser et de leur faire du mal.

Aider à promouvoir l'activité physique, aussi. Pas dans des salles de sport où chacun soulève sa fonte en se regardant dans le miroir, mais plutôt dans l'acceptation d'une contrainte physique pour aller bosser en marchant, en vélo. Donc arrêter l'envahissement de l'espace public par des trottinettes électriques faussement écolos, par exemple. Je pense que l'établissement d'une culture narrative commune où sont célébrés l'autonomie en santé, la nature, le goût pour la découverte de l'autre. La beauté et l'élévation sont nécessaires, plutôt que la victimisation, la plainte, la noirceur et le crime.

Imagine un vrai parcours de soin ambulatoire en ville pour les patients SARS-CoV-2. Avec un suivi correct et sérieux. Des citoyens rendus attentifs à leurs symptômes, la proposition d'une consultation préventive régulière avec son médecin. En pratique, pour le Covid, d'abord, l'établissement d'une présomption diagnostique, confirmée ensuite par un test PCR par le médecin traitant. Puis la proposition au patient de rester isolé tranquillement au domicile, et le conseil à la famille d'être vigilante afin d'éviter une contamination. Chambre à part. Repos et repas, seul. Utilisation du masque FFP2 pour la famille lors des contacts avec le patient pendant les dix premiers jours. Lavage des mains renforcé pour tous. Utilisation de sanitaires à part, si c'est possible.

Imagine aussi la mise en place d'un traitement ambulatoire en ville avec vitaminothérapie D, C et zinc – ainsi qu'un recours au traitement antiviral par ivermectine et doxycycline, ou hydroxychloroquine et azithromycine.

On y déterminerait le risque thrombotique, et on mettrait en place un traitement anticoagulant à la bonne dose. Les soignants détermineraient la probabilité de surinfection bactérienne et mettraient en place une antibiothérapie de couverture par bêta-lactamine (par exemple, Rocéphine), si nécessaire (en cas de fièvre élevée et persistante, de toux grasse continue, d'hyperleucocytose à PNN, d'augmentation de la procalcitonine sanguine).

Pour les patients à risque d'évolution péjorative, l'apprentissage de l'usage de l'oxymétrie de pouls serait enseigné pour détecter précocement l'évolution vers l'orage cytokinique par la survenue d'une hypoxémie asymptomatique dans les 7 à 15 jours après les symptômes. Passage, matin et soir, d'un infirmier à domicile pour le suivi. En cas d'apparition d'une hypoxémie, mise en place avec un prestataire de soins à domicile d'une oxygénothérapie, selon les recommandations de la société de pneumologie et de la HAS, selon une circulaire qui n'a pas été appliquée ! En cas d'évolution vers l'oxygénodépendance, nouveau bilan biologique et mise en place d'une corticothérapie à domicile *per os*, si le caractère virifère est contrôlé. Apprentissage du décubitus ventral ou un équivalent (sieste sur le ventre), qui améliore les rapports ventilation-perfusion de manière très efficace et diminue largement l'oxygénodépendance dans cette maladie.

Si des hypoxémies nocturnes surviennent (souvent diagnostiquées chez des personnes avec des syndromes d'apnée obstructive du sommeil qui s'ignoraient jusqu'ici), proposition de CPAP (masque avec pression continue) par un prestataire de services à domicile. En cas d'évolution vers la gravité malgré tout, hospitalisation programmée par le réseau de soins en ville avec l'hôpital sur des critères d'alarme précis (plus de 4 L/min d'oxygène pour une saturométrie à moins de 94 %, ou critères de détresse respiratoire). Tout cela permet de diminuer le flux entrant dans le système hospitalier, et de ne pas saturer les services Covid et les réanimations. Ce système permet d'éviter les allées et venues de patients symptomatiques et de diminuer la transmission épidémique.

À l'hôpital, prévoir des services Covid avec isolement, et d'autres sans isolement. Les services sans isolement pour les patients qui ne sont plus virifères permettent une diminution de la charge en soin et des besoins en personnels. Ils permettent d'éviter la stigmatisation et le stress engendrés par le fait d'avoir une « maladie honteuse ». Ils diminuent l'usage immodéré et irrationnel du matériel d'isolement (masque, tenues, etc.). Il faut créer des services de soins intermédiaires entre les réanimations et les services standards où l'on peut mettre en place de l'oxygénothérapie à haut débit. C'est une technique qui, jusqu'ici, n'a été utilisée, quasi exclusivement, que dans les réanimations ; mais elle peut être mise en place en termes de logistique dans des unités intermédiaires (de soins continus, par exemple), avec un peu plus de soignants que dans un service standard.

Pour l'interface entre les services de réanimation et les services Covid, je proposerais une réunion quotidienne entre les médecins des services pour discuter de l'évolution de tous les malades, et ainsi voir venir l'évolution vers la gravité. Ceci pour pouvoir statuer sur le caractère futile ou non d'une réanimation agressive et structurer de manière collégiale la limite. C'est ce qu'on appelle un « triage ». Cela correspond à se réconcilier avec l'idée de la mort. Cette rencontre permettrait l'admission en réanimation de manière programmée, et diminuerait les hospitalisations nocturnes en urgence. Je ne rentre pas dans les détails des traitements hospitaliers, mais je souhaiterais un bond en avant dans l'usage du repositionnement moléculaire. C'est-à-dire la réutilisation des molécules très bien connues, et l'utilisation de leurs propriétés anti-inflammatoires ou antivirales, au moindre risque et au moindre coût.

Pour la structuration de l'hôpital, la penser comme un commun géré directement par les communautés locales, selon des règles qui leur seraient propres. Avec des choix de recrutement, de nombre de lits... qui fassent l'objet d'une concertation locale en adéquation avec les besoins réels des citoyens, et non par une administration technocratique centrale. Dans cette concertation, nous pourrions intégrer l'idée d'une nécessaire adaptabilité à la contrainte sanitaire. En sortant du concept d'un marché à flux tendu. Cette résilience est essentielle, dans le siècle qui nous attend, où les tempêtes et les catastrophes vont challenger de manière progressivement croissante nos systèmes de santé.

Pour l'aval de l'hôpital, il y a vraiment besoin de fluidité dans la sortie à domicile, dans la sortie vers les soins de suite. Avec quatre éventualités : encore virifère ou non, encore oxygéno-dépendant ou non. Ne serait-ce que mettre tout ça en place diminuerait l'impact sur le système hospitalier, et sur la mortalité et la morbidité. Ça ne paraît pas très compliqué. C'est surtout du bon sens. Ce n'est malheureusement toujours pas en place, à l'heure où je vous parle, et pour la potentielle nouvelle épidémie qui vient à l'automne. J'insiste sur le fait que, dans ce projet idéal, nous aurions renoué avec l'idée de prendre soin des plus fragiles – les personnes âgées et les enfants – sans les brimer, les isoler ou les contraindre. Nous serions sortis de la peur et de la colère, pour aller vers le pragmatisme, la prudence et le courage. Nous aurions intégré l'idée que les patients ont besoin de leur famille pour guérir, et de leurs visites, et que les familles ont besoin de prendre du temps et de la présence au chevet de ceux qui souffrent. Nous aurions en tête que ce sont les humains qui soignent, et non les machines ; en ayant à cœur d'avoir suffisamment de personnel, et qu'il soit bien traité.

REINFOCOVID, COMME EXPÉRIENCE CRÉATRICE

Je pense que Reinfocovid est un peu cette tentative de reprise en main de notre pouvoir créateur sur le réel. Arrêter de subir. On a fait un joli bonhomme. Il a une tête qui comprend les choses grâce à son groupe d'universitaires, de scientifiques et de chercheurs qui synthétisent les articles scientifiques pour de l'éducation populaire. Il a un cœur, avec les artistes pour percevoir les émotions et le subtil. Il a des tripes, avec le groupe qui recueille les témoignages des souffrances et des initiatives des citoyens pour regarder en face les effets collatéraux de la crise sanitaire sur les plans psychologiques, sociaux, sociétaux, familiaux, financiers ; sur l'emploi, sur la démocratie, sur l'éducation et l'école. Il a un système immunitaire pour veiller à rester prudent à l'intérieur et à l'extérieur. Il y a un pôle « artistes ». C'était très important pour nous que les artistes aient une place centrale. Il y a deux groupes. De l'événementiel local, d'un côté, avec des concerts de rue, des tournages, des expos… Et puis, de l'autre, la mise en avant des contributions artistiques. Rêver dans tous les champs des arts est nécessaire pour essayer de formuler ce qu'on voudrait.

Le collectif a aussi des mains : les collectifs citoyens locaux. Des collectifs soignants locaux : 1950 médecins, et plus de 2500 soignants. Des groupes transversaux sur l'enfance, avec le groupe santé pédiatrique, un autre sur les âges avancés de la vie. Tous ces groupes humains aux quatre coins de la France et du monde. Plus de 74 groupes locaux. En France, au Québec, en Australie, en Océanie, à Tahiti, à Maurice, à Mayotte, à la Réunion, en Suisse, au Luxembourg, en Belgique, et partout… Ils sont les mains dans le réel.

Notre bonhomme a aussi une voix : celle des diplomates, les réseaux sociaux, la newsletter. Nous les appelons les « diplomates », car leur but est de créer du lien. De donner à voir et donner envie. Tout le monde s'aligne sur une posture globale, une cohérence : celle de la non-violence. C'est difficile à tenir, car le discours dominant attise en permanence la colère ou la peur. Mais il s'agit de les transformer en non-violence ; en prudence et en courage.

Reinfocovid pratique une sorte d'art de la paix. Ce n'est pas si facile. Il y a des tensions externes. Les médias, par exemple, passent leur temps à jouer leur rôle de chiens de garde. C'est un peu triste pour eux. J'ai de la compassion. Je pense que le réveil de leur gueule de bois propagandiste ne sera pas sans douleur. Repense aux nazis : après la guerre, le peuple allemand a payé psychologiquement le poids de la culpabilité pendant deux ou trois générations.

Au sein de Reinfocovid, il y a aussi des tensions internes. Et c'est un bon rappel au réel. Ce n'est pas tout rose. Il y a des conflits. Nous avons mis en route ce que l'on appelle des « cercles restauratifs » pour essayer de les traverser et d'en sortir grandis. Nos diplomates sont conseillés par des gens qui connaissent très bien la communication non violente. Je ne vais pas tout te raconter. Il y en aurait pour un bouquin entier. Mais c'est une si belle expérience de micro-société, de proposition alternative. Ça me fait rigoler quand les médias cherchent à nous cataloguer dans une dérive sectaire. Nous n'avons pas d'argent. Nous n'avons pas de compte en banque. Tout est basé sur le don. Nous n'avons même pas de statut juridique du collectif. Le modèle de prise de décision est basé sur ce qu'on appelle l'« *advice process* ». Ça veut dire que n'importe qui peut décider n'importe quoi. La seule chose qu'on lui demande, c'est de demander l'avis de ceux qui vont être impactés par sa décision. C'est tellement grotesque aussi quand les médias parlent d'« extrême droite ». Ils ne savent plus quoi inventer.

Reinfocovid s'est écarté de toute récupération politicienne depuis le début. Le collectif a inspiré une initiative citoyenne de listes électorales en gouvernance partagée. Mais qui n'est pas du tout rattachée directement à Reinfocovid. Les listes sont alignées sur ces valeurs : coconstruction, démocratie, écologie, éthique, paix et transparence. Il faut croire que ça fait très peur au système, vu l'orage médiatique que ça a déclenché [rires]. Et puis on a ouvert des possibles pour aller vers autre chose que le Covid : en fait, ça correspondait à mettre des gens autour d'une table et à les aider à discuter. La permaculture, la création monétaire, la santé intégrale, l'humour, l'art de rue, les réseaux de soins multidisciplinaires en ville… Les projets sont super-foisonnants. C'est passionnant. Ça donne plein d'énergie et d'élan.

LA BELLE VERTE

Et si je dois formuler un rêve pour moi, ça ressemblerait peut-être un peu à *La Belle Verte*, de Coline Serreau. C'est un film, tu te souviens un petit peu ? Des extraterrestres viennent sur Terre, ils sont surpris de voir les humains qui sont à ce point stressés, violents, tristes et névrosés. Et donc, ils reconnectent ou ils déconnectent les humains. Et, tout à coup, tous se mettent à dire la vérité, à être joyeux, authentiques, à se mettre en lien, à danser, à embrasser leurs voisins, à dire : « Mais qu'est-ce qui est important, au fond ? »

En fait, voilà pour moi le rêve du dragon : revenir aux besoins fondamentaux. C'est déjà un peu ce qu'avaient fait les Colibris en posant la question : « Mais de quoi a-t-on vraiment besoin ? » J'ai besoin d'un iPhone ? J'ai besoin d'un iPad ? J'ai besoin d'un voyage à Prague ? Non ! L'essentiel, la réduction, c'est de revenir au fondamental de ce qui me met en vie. Je me rends compte que si je vais vraiment jusqu'au bout, je n'ai besoin de rien. Tout est parfait. Tout m'est donné à l'instant T, où je suis né. En fait, le seul besoin, c'est que je ne peux pas vivre ça tout seul. La seule chose dont j'aie besoin, c'est donc de lien. Ça doit se vivre à plusieurs, et ça, je crois que c'est la grosse leçon de ce moment historique que nous vivons. On ne peut pas le vivre tout seul. On ne peut pas changer le monde tout seul. On ne peut pas résister à une vaccination idiote, faite à la va-vite, tout seul. On ne peut pas changer de système politique tout seul. On ne peut pas changer le système monétaire tout seul. Il n'y a rien que vous puissiez faire tout seul. On vous a fait croire que le bonheur était de tout pouvoir faire tout seul, d'être tout-puissant avec votre Smartphone. On a mis des publicités sur tous les murs. Vous auriez des superpouvoirs. Vous seriez des super-héros ! En fait, vous ne pouvez rien. Vous ne pouvez rien changer. Et vous ne pouvez pas sortir de ce mouvement perpétuel où rien ne change. Vous êtes pris dans un tourbillon d'informations, de transformation permanente. Mais, quand vous regardez vraiment au fond, plus rien ne change. Plus rien ne bouge. Le système est comme immuable. On a créé une société automatique. Et ça nous rend absolument malheureux. Donc je crois qu'une façon de reprendre du pouvoir sur le réel, c'est de se mettre en lien avec les autres, et de poser une intention, une intention qui a trait aux valeurs fondamentales, au fil rouge que nous voulons vivre ensemble. C'est ce qu'on fait en communication non violente. Pour espérer rouvrir une porte de communication possible, on en revient à son besoin de fond.

Le fil rouge qui nous relie tous, c'est quoi ? Ce n'est pas être riche. Ce n'est pas être puissant. Ce n'est pas être connu. Ce n'est pas posséder à outrance. Ça n'a aucun intérêt, tout ça, en fait.

Dans toutes les cultures, on l'a déjà dit mille et une fois que tout ça ne servait à rien. Et sûrement pas au bonheur. Dans tous les contes, on l'a écrit sur les rois perdus, seuls au fond de leur château de pouvoir, d'ennui et de solitude. Dans les chansons, dans les poésies, dans les textes sacrés, dans les films, on l'a déjà martelé.

Chaque fois qu'on meurt, tout est remis à zéro. On aimerait faire passer à sa descendance. Mais l'essentiel passe déjà. L'essentiel, c'est la vie que nous avons vécue ensemble. Tous ces instants d'enfance, de magie, de jeu, de beauté et d'innocence que l'on vit pour de bon. Dans la tradition juive, le jubilé, tous les cinquante ans, je crois, remet à zéro les compteurs. Ça veut dire que tout ça, tout ce que tu aurais spéculé, accumulé, est remis à zéro. C'est de la poussière, en fait. Tu es né poussière, et tu redeviendras poussière. Dans ce petit espace-temps qui nous est donné, il faut arriver à suivre ce fil rouge qui est : « Moi, ce que je veux : c'est la liberté, c'est la joie et le sourire, c'est l'amour, le partage, c'est la bonté, c'est la rigolade, c'est l'aventure, c'est la beauté, c'est la créativité, c'est la paix. » Et, une fois qu'on a posé toutes ces intentions-là ensemble, je crois qu'on va trouver qu'elles sont communes à une grande majorité de l'humanité.

GUERRE ET COMBAT

Il y a très peu de gens qui aspirent à la guerre. Si on aspire à la guerre, il faut se poser la question : « Est-ce qu'il y a une différence entre la guerre et le conflit ? » Moi, je défends une voie de non-violence. Elle n'exclut pas le conflit. Souvent, c'est mal compris par des gens qui pensent que c'est un peu mièvre.

« Vous n'allez jamais rien changer avec la non-violence ! » La non-violence, c'est être capable de tenir un rapport de force, être capable de tenir un combat. Le combat, c'est joyeux. Le combat, c'est drôle. Il y a une reconnaissance de l'adversaire, du respect. On accepte l'autre. Il y a même l'idée qu'à la fin on peut aller boire un coup ensemble, peut-être. C'est vrai en rugby. C'est vrai en boxe. O.K., on va se foutre sur la gueule. Mais, à la fin, on va se réconcilier. Il y a cette idée que l'autre est toujours mon petit-maître. Qu'il est là pour m'aider à me transformer, à m'aguerrir. On se transforme soi-même au frottement du combat.

"TENIR LE RAPPORT DE FORCE"

La guerre, c'est autre chose. La guerre, c'est l'éradication de l'ennemi. Tiens, ça vous rappelle peut-être le titre d'un livre récent, peut-être le discours d'un président récent :

« Nous sommes en guerre. » Il s'agit de vous éradiquer. Mais c'est une illusion. C'est un rêve de toute-puissance. On en revient à l'hubris dont on a déjà parlé. Celui qui fait la guerre transforme l'autre en chose. Il perd le lien. Et, au passage, il s'autodétruit. Donc la guerre n'est pas souhaitable. Par contre, le conflit – c'est-à-dire la capacité à générer un rapport de force – est utile, souhaitable, initiatique. Être capable de générer une friction. Pour faire germer du dialogue et structurer les limites.

C'est intéressant parce que, quand on prend les philosophies traditionnelles en Inde, par exemple, avant les yogis, il y a très longtemps – on est environ mille ans avant Jésus-Christ –, un des fondements, c'est ce qu'ils appellent « tapas ». *Tapas*, c'est le frottement, l'échauffement. C'est frotter ton bâton à feu jusqu'à ce que ça prenne. C'est la mise à feu par la rencontre à frottement dur. C'est ça, en fait, le combat, c'est arriver à ce moment de friction, ce moment de tension, ce moment d'ascèse aussi. Parce que la traduction de *tapas*, souvent dans les traditions yogiques, c'est la notion d'« ascèse », c'est-à-dire te débarrasser des scories, te débarrasser de tout ce dont tu n'avais pas besoin pour revenir au diamant éternel. Et c'est de cette friction libératrice que va se générer la flamme. À partir du moment où la flamme est là, ça y est, on est capable de faire quelque chose ensemble. Nous sommes capables de transformer la matière. Capables d'aller vers un futur désirable. C'est ce qu'on essaie de faire, nous, avec Reinfocovid. Arriver à tenir le rapport de force, à faire jaillir le dialogue et germer la réconciliation. Aucune crise ne se termine autrement que dans la réconciliation. Si vous pensez qu'une crise se finit par des purges, se finit par du dézingage de l'ennemi, par l'éradication du mal, c'est une illusion. Le mal restera là, sauf que vous devez le tamponner. Vous devez lui adjoindre des contre-pouvoirs, être capable de le circonscrire, être capable de le refuser systématiquement et de manière renouvelée. Lui structurer une limite. Limite renouvelée et élargie à chaque nouvelle itération de la création d'un Nous. Parce que limiter le mal, c'est un vœu collectif qu'il va falloir refaire à neuf continuellement.

Tu me demandes ce que j'espère – je suis rentré dans des considérations quasiment spirituelles –, de manière plus pragmatique et plus matérielle. Je pense qu'on a besoin d'un dénuement. On a besoin d'aller vers quelque chose où on a moins, parce qu'on a trop. Ça veut dire que je fais partie des décroissants, d'une certaine manière. Mais, souvent, c'est mal compris ce terme de *décroissance*, ça fait peur.

STÉPHANE

Oui, on peut penser qu'on va retourner à l'âge de pierre.

LOUIS

Exactement. Or il ne s'agit pas du tout de retourner à l'âge de pierre. Je voudrais une sobriété heureuse. Il s'agit de retrouver un optimum de relation au monde. On en revient à cette relation de diplomatie dont je t'ai souvent parlé. Et la diplomatie, ça commence par des égards. Arrêter d'être dans l'idée que je vais être dans la prédation de la matière et du monde pour mon propre plaisir personnel et pour juguler mes angoisses, pour espérer arrêter de souffrir et vivre mieux. Non, je vais être en relation avec le monde pour… être en relation au monde, et y trouver ma place. Point. Et tout me sera donné. Le monde est abondance.

Aujourd'hui, on voit apparaître de plus en plus de gens qui sont en relation saine et diplomatique avec le monde. Les permaculteurs font ça, ils sont dans une juste relation. Les apiculteurs naturels, dont je fais partie, ne passent pas leur temps à piquer du miel aux abeilles. Je ne prends du miel aux abeilles que quand c'est un don, quand je pense qu'elles me le donnent et que c'est juste. Quand je vis intérieurement le fait qu'elles vont en avoir assez pour elles, et puis un peu pour moi. Je leur donne le gîte, elles me donnent un peu le couvert, de temps en temps. C'est un échange correct. Et c'est du domaine intuitif. Pas du domaine du calcul ou de la pensée. Mais, si jamais je vois qu'elles ont du mal à survivre, je vais leur laisser leur miel parce qu'elles rendent tellement d'autres innombrables services que me donner du miel, qu'il vaut mieux qu'elles survivent.

Finalement, dans tout plein de champs – que ce soit l'agriculture, l'école, la vie sociale, la vie politique, le soin –, mon souhait, mon rêve, mon intention, c'est qu'on revienne à cette idée de lien et de diplomatie avec le vivant. Ça veut dire qu'une grande partie du système de soins dont je pourrais rêver – si je reviens sur mon domaine qu'est la santé –, ce serait une médecine qui s'occupe de la santé et pas de la maladie, qui s'occupe du sens à donner à la maladie, à la mort, qui s'occupe de mettre en lien les humains, quand il y en a un qui souffre, pour qu'ils restent ensemble.

On a interdit les visites des familles aux patients hospitalisés, au motif du Covid. Nous avons outrepassé la règle. C'était un devoir moral. C'était une intuition profonde. Certains ont passé leur temps à outrepasser cette interdiction en jonglant avec l'administration et les règles. Parce que je suis convaincu que les patients ont besoin de leur famille. Pour guérir et pour vivre, pour ce qui leur reste à vivre. Et même s'ils en meurent, je suis persuadé que les familles ont besoin de voir la personne qui est hospitalisée. C'est profondément inhumain de dire, au motif d'éradiquer la maladie Covid-19 : « Vous ne pouvez pas. » On détruit la relation. On est allé très loin là-dessus. On a dit : « Vous n'enterrerez plus vos morts ! » Qu'est-ce que c'est qu'une civilisation qui n'enterre plus ses morts, en fait ? Une civilisation qui va très mal...

Donc mon souhait pour un monde meilleur, c'est qu'on enterre nos morts. C'est qu'on prenne soin des gens qui sont malades, qu'on prenne soin des gens qui ne sont pas en très bonne santé, qu'on les entoure, qu'on essaie de leur donner suffisamment d'empathie, d'affection et d'amour pour qu'ils guérissent. C'est quelque chose que beaucoup de gens ne perçoivent pas, on l'a déjà dit, mais c'est important ; l'autre est profondément thérapeutique. Ce qui soigne, c'est l'autre ; pas des médicaments, ou très peu. Ce ne sont pas des techniques, c'est l'autre. Les hôpitaux se remplissent d'ordinateurs, et se vident d'humains. C'est une voie de garage anthropologique qui nous conduit droit dans le mur.

STÉPHANE

Comme les caissières de supermarchés...

LOUIS

Comme les caissières de supermarchés ! Vous avez besoin de discuter avec votre boucher, avec votre petit commerçant, ça fait partie de la vie, en fait, et de ce qui est agréable dans le samedi matin. Maintenant, les citadins vont à la campagne pour pouvoir faire ça le samedi, « dans cet endroit tellement inspirant où enfin discuter avec un humain ». Mais, en fait, ça nous est donné à chaque seconde. C'est juste parce qu'on accepte d'aller dans un supermarché. Je crois qu'il y a une grande partie de cette capacité à aller vers l'idéal depuis le réel qui consiste à refuser des choses, à dire non. À structurer une limite. Mais ça, c'est à la fois très difficile et à la fois très facile. La puissance du non est très importante. Quand un anesthésiste dit à un chirurgien : « C'est non, je n'opérerai pas ce malade. Je ne l'endormirai pas. C'est non. » Le chirurgien peut s'énerver tant qu'il veut. Ce sera non ! La puissance du *non* est inarrêtable. Par contre, il faut en assumer les conséquences. Parce que si vous dites non, vous dites non aussi à tout ce qui vous avait été promis. Ça veut dire que, si vous commencez à refuser, vous acceptez l'idée que vous allez avoir moins, en termes de matérialité – en termes de confort –, moins en termes de certitudes.

STÉPHANE

Oui, mais plus en termes de liberté, plus en bonheur…

LOUIS

Exactement, exactement. C'est ça. À un moment, dans ce deal-là, cet échange-là, eh bien il faut que les gens choisissent une bonne fois. Il y a de plus en plus de gens qui choisissent de partir dans des éco-lieux, des éco-villages, de vivre dans des communautés, de quitter leur boulot.

STÉPHANE

Des villages…

LOUIS

Oui, les villages à l'ancienne sont un très bon modèle de vie sociale. Les citadins y trouvent un apaisement très important de toutes leurs angoisses, de toutes leurs façons de vivre qui étaient toxiques. Il n'y en a pas beaucoup qui reviennent en arrière pour repartir prendre le RER B ! Je pense qu'on peut y aller, parce que tout est prêt. Il y a des gens qui ont déjà réfléchi à une école différente, qui ont déjà réfléchi à une santé différente, à une alimentation différente…

STÉPHANE

Il y a déjà des gens qui travaillent sur leurs « canots de sauvetage », sur la création de leur « arche de Noé », moi, je dis les « oasis »…

LOUIS

Exactement, les *oasis en tous lieux* des Colibris. Je suis très confiant. Et c'est en partie pour ça que je ne te dis pas : « Je pense qu'il faut que ce soit comme ça. » Parce que, si je te disais : « Je pense qu'il faut que ce soit comme ça » – c'est ça mon utopie –, ça voudrait dire que je cherche à l'imposer aux autres. Or j'admets l'idée qu'on doit le faire ensemble.

Ça ne m'empêche pas d'avoir des rêves, et ce n'est pas mou pour autant ! Les gens vont dire : « D'accord, mais il ne veut rien ? » Si, si ! Je veux bien plein de choses, mais je pense que cette créativité-là doit être le fruit d'un échange, d'une friction pour revenir à ce que je te disais tout à l'heure. Ça ne doit pas juste être déversé de manière unilatérale en disant : ça va être comme ça, et c'est comme ça que ça va être bien ! Il y a plein de gens, déjà, quand je parle d'éco-lieux, qui disent : « Moi, je m'en fous, je veux ma grosse baraque » ! Plein de gens, quand tu leur parles de faire du vélo : « Moi, je m'en fous je veux mon gros SUV 4X4 » ! Donc c'est aussi ça, la réalité, et il va falloir faire avec et aller doucement jusqu'à l'idéal, ou en tout cas tendre à l'idéal. Mais je crois qu'on y va. Je suis assez confiant.

STÉPHANE

On est prêts, on va y aller, oui ! Et c'est très contagieux !

LOUIS

Oui, l'énergie qu'on dégage n'a rien à voir avec celle de ceux qui ont peur. Si tu regardes les médias versus une émission de Reinfocovid, je pense que la plupart des gens n'ont pas le même ressenti, au-delà du message porté.

STÉPHANE

Les *talks* que vous faites sur Reinfocovid sont vraiment très sympas et de plus en plus organisés. C'est très touchant...

LOUIS

Oui ! Et tu as remarqué qu'on essayait d'y mettre de l'humain ? C'est-à-dire qu'on ne voulait pas essayer de refaire le système. On a eu cette tentation de dire, oui, on va faire un truc exactement comme dans les médias mainstream. Très pro. Bien minuté. Avec des jingles de transition. Puis on s'est dit : mais non, en fait ! On s'est dit : ce n'est pas juste. Ce n'est pas ce qu'on veut. On préfère de vrais humains qui vont faire une fausse note, qui vont peut-être chanter de travers. Mais, au moins, ce sont de vrais humains qui donnent ce qu'ils ont à donner. Et ça, c'est beaucoup plus touchant.

J'espère que tous les ateliers et les agoras qui sont en train de se créer – que ce soit avec Reinfocovid, avec Un Nôtre Monde, avec Reinfo Santé, avec les Colibris, avec les Jardins du Nous, le Réseau Solidarité Active, avec le municipalisme libertaire, les réseaux de permaculteurs ou avec d'autres mouvements et tout ce qu'on est en train de créer ensemble – vont réussir à s'archipelliser. C'est-à-dire réussir à être en lien, tout en restant individués. L'idée, ce n'est surtout pas de reproduire la grande folie normative et isolante du XXe siècle et de ce début de XXIe siècle. Au contraire, il s'agit de s'individuer ET d'être en lien.

On me demande souvent la place que doit prendre le numérique dans cette histoire. Je vous ai déjà dit qu'il était l'instrument d'une duplication artificielle du monde. Et que cette duplication induit une domination par ceux qui ont l'art de l'indexation et de la corrélation de la data. Mais on peut imaginer un Internet et un numérique mis au service du bien commun. L'outil doit être au service du réel et pas l'inverse. On ne doit pas passer notre vie derrière des écrans, et puis, de temps en temps, se retrouver. Non, je pense qu'il faut se retrouver pour de vrai dans le réel et dans des vrais lieux de vie, et que le numérique doit être là pour nous aider à être en lien les uns avec les autres. Pour le moment, le rapport est inversé. On est à 80 % de numérique, et à 20 % de réalité ! Je crois qu'il faut l'inverser, et revenir à 80 % de réalité et 20 % de numérique. Ça, c'est le gros travail que l'on va avoir à faire dans les deux prochaines années. Les multinationales et la paresse vont chercher à nous imposer toujours plus de vie isolée numérique. Non, il faut refuser et créer toujours plus de vie réelle avec l'autre.

Merci beaucoup, Stéphane, pour ces échanges, parler avec toi me pousse à mettre en forme mes idées. Le dialogue est une vraie source de créativité. Refrain ! C'est ma prescription de toubib. Éteignez la télé, éteignez votre téléphone portable ! Je vous le redis. Éteignez votre téléphone portable, sauf pour appeler les gens que vous aimez. Reprenez contact avec le réel, les arbres, la beauté, les oiseaux. C'est le printemps, ça fait énormément de bien. Et puis prenez soin de vous, d'abord, avant de vouloir changer le monde. Commencez par travailler à l'intérieur. Vous ne pouvez pas vouloir la paix, là devant, si vous ne l'avez pas là-dedans. Vous ne pouvez pas vouloir la beauté, là devant, si vous ne l'avez pas là-dedans. Prenez soin de la personne en face et peut-être surtout des gens que vous n'aimez pas. Parce que ça, c'est beaucoup plus difficile, et ça nécessite une capacité d'accueil et de réconciliation qui, à mon avis, est une des grandes clés de résolution de cette crise et du monde de demain que l'on pourrait souhaiter.

Prenez conscience que le combat n'est pas la guerre, que vous ne cherchez pas à éradiquer l'ennemi, que vous cherchez à entrer en lien avec lui, à vous frotter à lui, et à faire jaillir quelque chose, avec diplomatie, avec douceur, avec des égards pour ce qu'il est. Ça, ce n'est pas facile non plus. Ça rejoint cette idée de « prendre soin ». Prendre soin, c'est aussi accepter d'entrer en contact à frottements durs, et de vous transformer, au passage. Et puis prenez soin du monde autour de nous parce que ce n'est pas juste un décor. C'est nous. Ça fait partie du prolongement de nous-mêmes. Enfin, partagez vos pépites, partagez vos récoltes, tout ce que vous avez l'impression d'avoir en abondance à offrir aux autres, parce que cette dynamique du don, chère à Marcel Mauss[2], je crois que c'est une des clés du monde que je nous souhaite.

2. Marcel Mauss, *Essai sur le don : forme et raison de l'échange dans les sociétés archaïques* (paru en 1923-1924), PUF, 2012.

REMERCIEMENTS

À Carole et aux fées.

À Jacques Higelin.

À Tom Bombadil.

À Gandhi, à Martin Luther King, à Nelson Mandela, à Marshall Rosenberg.

À Stéphane le dénicheur de joie.

À Florent, à Florence, à Guy, pour avoir su mener cette aventure à son terme.

À Benoît, l'artiste joyeux.

Aux relecteurs pour leurs conseils avisés.

À toi lecteur, en espérant que tu pardonneras au style oral de cette retranscription d'entretiens.

À tous ceux qui agissent pour la paix, la liberté, le rire, le lien, la joie, la beauté et le VIVANT.

À vous tous, dans et autour de Reinfocovid.

À vous tous, ceux rencontrés pendant cette crise avec qui chaque échange a été un cadeau.

Vous êtes si nombreux que je ne peux vous nommer tous, multitude de cœurs, de courages, de prudences et d'intelligences qui avez su bâtir avec patience une arche de Noé vers un autre monde.

Et quelle Arche ! Nous y voilà embarqués tous ensemble. Que la traversée soit belle ! Les tempêtes seront nombreuses, les embellies, les levers et les couchers de soleil encore plus.

Un immense MERCI !

Louis Fouché

Je tiens tout d'abord à remercier Louis pour sa gentillesse, sa simplicité et sa clairvoyance. Florent Massot pour avoir porté ce projet d'ouvrage. Florence et Guy, des éditions Trédaniel, pour leur soutien et leur motivation. Benoît Flamec pour son talentueux coup de crayon. Pascale Geoffrois pour son amitié et ses précieux conseils. Paul Ardenne pour ses précieuses interventions. Puis mon épouse pour son soutien, et mes trois enfants pour qui je me dois d'être exemplaire.

Stéphane Chatry

Achevé d'imprimer en décembre 2021 par Corlet Imprimeur - 14110 Condé-en-Normandie
Dépôt légal : décembre 2021 - N° d'imprimeur : 21110911 - Imprimé en France